LA QUESTION

DE

MADAGASCAR

LA QUESTION

DE

MADAGASCAR

PAR

J. BRENIER

Directeur du *Courrier du Havre*

> La Colonisation est pour la France
> une question de vie ou de mort : ou
> la France deviendra une grande puis-
> sance africaine, ou elle ne sera, dans
> un siècle ou deux, qu'une puissance
> secondaire ; elle comptera dans le
> monde, à peu près comme la Grèce
> ou la Roumanie comptent en Europe.
> Paul LEROY-BEAULIEU.

PRIX : 2 FRANCS

PARIS

CHALLAMEL AÎNÉ, ÉDITEUR

LIBRAIRIE MARITIME ET COLONIALE

5, Rue Jacob

—

1882

LA QUESTION

DE

MADAGASCAR

Il vient de se passer, à Madagascar, des évènements graves en eux-mêmes, plus graves encore, si l'on remonte aux causes générales d'où ils découlent: nous voulons parler de l'hostilité de la politique anglaise contre l'influence française dans cette île, et de l'incurie dont ont fait preuve nos gouvernants dans cette affaire.

La conduite du gouvernement hova, qui a pris contre les Français les mesures les plus violentes, a généralement surpris l'opinion publique. On s'est étonné de tant d'audace; mais ceux qui ont suivi attentivement la marche des évènements à Madagascar, ne peuvent voir, dans la crise actuelle, que la conséquence logique de la politique, si différente dans les moyens, adoptée par l'Angleterre et par la France.

Cette affaire vaut la peine d'être examinée de près, car les traits qu'elle va nous révéler : les agissements britanniques les plus perfides et les plus déloyaux d'un côté, et de l'autre, les hésitations, la faiblesse et l'aveuglement des agents français — nous les retrouvons en Egypte, en Syrie, en Afrique, dans l'Indo-Chine, partout où nos intérêts coloniaux sont en présence de ceux de la Grande-Bretagne.

Nous diviserons cette étude en cinq chapitres :

I. *Les droits de la France sur Madagascar.*
II. *La politique anglaise.*
III. *Les derniers événements.*
IV. *La politique française.*
V. *Conclusions.*

I

Les Droits de la France.

Par son étendue, par sa situation autant que par la richesse de son sol et la variété de ses produits, Madagascar avait, dès la fin du XVIe siècle, attiré l'attention de nos navigateurs.

En effet, elle a une étendue de 350 lieues, du sud au nord, et de 100 à 120, de l'est à l'ouest, c'est-à-dire sept millions d'hectares *de plus que la France.* Sa population, d'après les évaluations les plus modérées, est au moins de quatre millions et pourrait être facilement triplée, eu égard à la fécondité des terres. La végétation est celle des régions tropicales. Le café, le coton, la canne à sucre s'y cultivent très facilement et dans d'excellentes conditions ; la vigne même peut y prospérer.

Les habitants ont, en abondance, le riz, la banane, le manioc, la patate ; dans d'immenses pâturages paissent d'innombrables troupeaux de bœufs et de moutons, tandis qu'au milieu des lacs, des marais et des rivières à grande surface, vivent à merveille les oies, les canards, les sarcelles, etc.

Quant aux forêts, elles contiennent des bois variés, généralement très durs, propres aux grandes constructions et à l'ébénisterie. Le sol renferme du fer en abondance, du cuivre et du plomb. En 1863, dans le Nord-Ouest, des gisements de houille ont été découverts par M. Guillemin, ingénieur des mines. Combien de richesses minérales ne découvrirait-on pas encore si l'on pouvait procéder librement à des recherches? Malheureusement, le gouvernement hova s'y oppose parce qu'elles pourraient amener de précieuses découvertes et exciter ainsi les convoitises des étrangers.

Dans les parties basses de l'île, le climat est malsain, à cause de l'humidité du sol et de la chaleur. Mais dans les régions un peu élevées, sur les plateaux, les Européens qui veulent s'assujettir à quelques précautions hygiéniques, s'acclimatent facilement.

On conçoit qu'une île aussi vaste et aussi fertile ait tenté la France, alors que son génie aventureux la poussait vers les entreprises coloniales.

Le 24 juin 1642, la souveraineté de la France sur Madagascar est affirmée par des lettres patentes de Louis XIII, qui charge de Pronis et Fouquembourg *d'y ériger colonies et commerce et en prendre possession au nom de Sa Majesté très chrétienne.* En effet, deux ans plus tard, ces agents de la Société d'Orient fondent les établissements de Sainte-Luce, Fort-Dauphin, Sainte-Marie, Ténériffe, Manahar,

Foulpointe, Tamatave, Tintingue, Port-Choiseul et prennent possession de la baie d'Antongil.

En 1664, suivant lettres-patentes du roi, la Compagnie orientale est substituée à la Société d'Orient.

Cette seconde Compagnie n'ayant pas réussi dans son œuvre de colonisation, fit, en 1670, remise de ses droits et privilèges au roi de France, au nom duquel, le 4 décembre de la même année, l'amiral Delahaye reprenait possession de Madagascar. En juin 1686, cette prise de possession était confirmée par un édit royal dont voici un passage important : « Tout considéré, Sa Majesté, en conséquence de la renonciation faite par la Compagnie des Indes orientales à la propriété de Madagascar que Sa Majesté a agréée et approuvée, se *réserve et réunit à son domaine* ladite île de Madagascar. » Des édits de mai 1719, juillet 1720 et juin 1725, sont conçus dans le même sens.

Suit une série d'actes importants dont voici l'énumération : 1767, revendication officielle du privilège exclusif du commerce malgache ; — 1763, reprise de possession de Fort-Dauphin, qui avait été abandonné ; — 1774, fondation d'un nouvel établissement dans la baie d'Antongil, par le comte Beniowski; — 1785, expédition contre Beniowski, lequel s'était déclaré indépendant, et qui est tué dans un combat ; — 1792, envoi par la Convention nationale de Lescaer, chargé de choisir une position pour la colonisation de l'île ; — 1804, arrivée à Tamatave de M· Sylvain Roux, comme agent général.

En 1814 et en 1815, l'Europe, dans les traités de Paris et de Vienne, reconnaît les droits de la France sur Madagascar. Mais un des articles des traités ayant cédé à l'Angleterre l'île de France et *ses dépendances,* le gouverneur de cette île devenue anglaise, sir Farquhar, prétendit que nos comptoirs malgaches étaient compris dans le mot « dépendances » et devaient, en conséquence, faire partie de la cession. Il s'établit, à ce sujet, une laborieuse négociation, à la suite de laquelle, en 1816, l'Angleterre reconnut ses torts et nous restitua Madagascar.

En 1818, reprise de possession de Sainte-Marie et de Tintingue, par le baron de Mackau ; de Fort-Dauphin et de Sainte-Luce, par M. Halbrand.

En 1829, expédition commandée par M. Goubeyre, qui reprend Tamatave et la Pointe à Larrée.

En 1840, cession de Nossi-Bé et de Mayotte à la France par les Sakalaves, qui acceptent notre protectorat.

Vers cette époque, le gouvernement de Juillet examina s'il n'y avait pas lieu de soumettre toutes les peuplades de l'île et d'entreprendre sérieusement la colonisation de ce vaste territoire. Voici ce que nous lisons dans les Mémoires de M. Guizot :

On pressait le gouvernement du roi d'en faire l'entreprise ; on décrivait les richesses naturelles de l'île, la beauté de ses ports et de ses rades, les avantages maritimes et commerciaux qu'elle nous offrait, les facilités que donneraient à la conquête les discordes des deux races qui l'habitaient, les Ovas et les Sakalaves. Les droits traditionnels ne manquaient pas à l'appui de ces désirs. Depuis le commencement du XVIe siècle, et sous les auspices d'abord du cardinal de Richelieu, puis de Louis XIV, des Compagnies françaises avaient travaillé à prendre possession de Madagascar, elles y avaient noué des relations, fondé des comptoirs, bâti des forts ; elles avaient obtenu des chefs du pays de vastes concessions et une sorte d'acceptation de la souveraineté française ; à travers de fréquentes alternatives de succès et de revers, Louis XIV, Louis XV et Louis XVI avaient reconnu et soutenu leurs établissements ; les noms tantôt d'*île Dauphine*, tantôt de *France orientale*, avaient été donnés à l'île entière. Sauf des exceptions formellement stipulées, le traité du 30 mai 1814 avait rendu à la

France tout ce qu'elle possédait hors d'Europe en 1792, et Madagascar n'était pas au nombre des exceptions.

Depuis cette époque, des actes maritimes et diplomatiques
avaient, sinon mis en pratique, du moins réservé nos droits. Tout
récemment, d'habiles officiers de marine avaient visité l'île, étudié
ses côtes, communiqué avec ses populations, ranimé les anciens
souvenirs. Le conseil colonial de l'île Bourbon reproduisait avec
détail, dans une adresse au roi (1), toutes les raisons qui devaient,
selon lui, engager le gouvernement « a entreprendre la conquête
« générale et la colonisation en grand de Madagascar.» Le gouverneur de Bourbon, l'amiral de Hill, appuyait vivement le vœu
du conseil colonial. Enfin, l'empire de ces traditions et de ces
espérances se maintenait jusque dans l'*Almanach royal* où, depuis
1815, le gouverneur de l'île Bourbon était dit *gouverneur de
Bourbon et de Madagascar.*

M. Guizot ajoute qu'il était « opposé à toute entreprise de ce genre : »

*Nous avions bien assez d'une Algérie à conquérir et à colo-
niser.* Le roi, le cabinet et les Chambres étaient pleinement de
mon avis. Nous écartâmes donc les projets de conquête de Madagascar, et nous les aurions écartés, *quand même l'Angleterre ne
s'en serait pas montrée inquiète et jalouse...* Ce qui convient à
la France, ce qui lui est indispensable, c'est de posséder, dans tous
les pays d'activité commerciale et internationale, des stations
maritimes sûres et fortes qui ne nous créent pas inévitablement
des intérêts agressifs et illimités, mais qui servent de point d'appui
à notre commerce, où il puisse chercher un refuge et se ravitailler,
des stations telles que les marins français retrouvent partout,
dans les grandes mers et près des grandes terres, la protection
prévoyante de la France, sans qu'elle y soit engagée au delà de
ses intérêts généraux et supérieurs. Ce fut pour atteindre ce but,
sur la côte orientale d'Afrique comme sur la côte occidentale, que,
de 1841 à 1843, nous prîmes possession, à l'entrée nord du canal
de Mozambique, des îles de Mayotte et de Nossi-Bé, et, qu'en 1844,
nous conclûmes, avec l'iman de Mascate, un traité qui nous don-
nait, sur la longue étendue de ses côtes, des sûretés et des libertés
commerciales importantes pour notre colonie de l'île Bourbon et
pour nos relations avec le grand Orient.

Vers la même époque et sous l'empire de la même idée, nous
prenions, dans l'Océan Pacifique, possession des îles Marquises.

Certes, la conquête de l'Algérie fut pour le gouver-

_____

(1) Voir l'*Annexe*.

nement de juillet, qui avait à lutter contre la parci-
monie avec laquelle les Chambres lui mesuraient les
ressources budgétaires, une entreprise assez difficile,
et l'on comprend qu'il n'ait pas cru devoir aborder
une autre tâche assez ardue.

Il ne tenait pas, d'ailleurs, à compliquer davantage
ses rapports avec le gouvernement anglais; car celui-ci
a toujours regardé comme une atteinte portée à ses
propres intérêts, comme une sorte de vol, toute extension coloniale de la France.

Sous l'Empire, un Français, M. J. Lambert, était
devenu le confident de Radama II, qui l'avait créé duc
d'Emyrne. Il avait, avec l'appui d'un autre Français,
M. Laborde, depuis longtemps fixé à Tananarive,
obtenu du roi une charte qui cédait à une Compagnie
française des droits presque souverains, pour la
colonisation des parties les plus fertiles de l'île. Cette
charte, ratifiée par le traité de 1862, assurait la prépondérance de la France (1). Les Anglais comprenant
que c'en était fait de leurs visées, n'hésitèrent pas à
fomenter une révolution de palais ; les ministres
protestants éveillèrent les haines des Hovas contre
les Français, et il se forma un parti de rebelles, à la
tête duquel se mit le premier ministre du roi. La
révolution éclata le 12 mai 1863 ; les insurgés péné-
trèrent dans le palais royal et étranglèrent Radama II
avec une trentaine de ses favoris. « Le consul de
France, invité à se rendre le lendemain chez le

(1) Pour l'exploitation de cette concession, une Société anonyme fut constituée à Paris, sous le titre de *Compagnie de Madagascar, financière,
industrielle et commerciale.* Le baron de Richemont, sénateur, en fut
nommé gouverneur. Une commission d'exploration, organisée par cette
Compagnie, partit en mai 1863. A son arrivée, elle apprit la révolution
qui venait d'éclater et de lui ravir ses droits.

premier ministre, qui connaissait son dévouement et sa vieille amitié pour Radama, apprit sa mort et la rupture du traité. Le roi *était parti*, dit le premier ministre, et les traités faits par lui devaient disparaître avec lui (1). »

La veuve du roi assassiné, la reine actuelle Ranavalo II, monta sur le trône dont les Anglais venaient de lui faciliter l'accès.

Le gouvernement français eut un instant l'intention d'organiser une expédition pour faire respecter le traité conclu avec Radama II.

Au Corps législatif, dans la séance du 16 juin 1865, M. Achille Jubinal souleva cette question. Après avoir démontré les ressources du pays, la nécessité pour nos navires de commerce d'avoir un port dans la mer des Indes, alors que depuis le percement de l'isthme de Suez, les Anglais avaient déjà dans cette mer Aden et Périm, après avoir exposé les droits de la France sur Madagascar, M. Jubinal ajoutait :

Nous avons conclu avec le roi Radama un traité dans lequel nous l'avons reconnu comme roi de Madagascar. Ce traité était très avantageux pour la France ; ce n'était pas une abdication de nos droits : c'était une convention synallagmatique pour l'exécution de certaines conventions et notre abdication implicite, si l'on veut, avait pour sanction l'exécution du traité. Mais le roi Radama, avec lequel nous avions fait nos conventions, a disparu ou a été tué ; le traité est resté en suspens, le drapeau consulaire a été amené.

Je demande quelle est, aujourd'hui, notre situation à Madagascar ? Voulons-nous rétablir ou voulons-nous abandonner le traité que nous avions fait avec Radama ? Voulons-nous maintenir nos droits ou renoncer à la charte Lambert, qui nous assurait de grands avantages ?... (2).

---

(1) Voyage du docteur Lacaze publié par *la Revue maritime et coloniale* et par le *Journal officiel* (1881).

(2) *Moniteur universel* du 17 juin 1865.

M. Achille Jubinal n'obtint pas de réponse du gouvernement ; la discussion fut renvoyée à une autre époque et n'eut pas lieu. L'opposition s'était élevée, dans un esprit de parti, contre une expédition à Madagascar, et Napoléon III, toujours disposé à sacrifier les intérêts français à la prétendue alliance anglaise, finit par laisser impunis le meurtre de Radama et la rupture du traité Lambert.

A partir de ce moment, l'audace des Hovas ne connut plus de bornes. De leur côté, les Anglais, qui ont toujours convoité la possession de cette île immense et féconde, voisine de l'île Maurice et qui commande une des deux routes de l'Inde, s'efforcèrent de supplanter l'influence française. Les droits de la France étaient trop incontestables pour les attaquer de front ; ils entreprirent un long travail de taupe, conduit avec une astuce et une habileté qui ne furent égalées que par l'inertie de notre gouvernement. C'est de ce travail que sont sortis les derniers évènements et la « question de Madagascar. »

II

La Politique anglaise

Pour former et agrandir son immense empire colonial, la Grande-Bretagne a toujours employé ces trois instruments : ses missionnaires, ses commerçants, sa force militaire.

Quand elle n'a pas pu obtenir immédiatement par les armes la cession du territoire, objet de ses convoitises ; quand il lui a fallu user de dissimulation et

de patience, sonder le terrain et préparer sa domination, la diplomatie anglaise a eu recours à ses missionnaires, dont le prosélytisme a un caractère bien
plus politique que religieux. Les ministres anglicans
disposant de larges subventions et toujours très effi-
cacement soutenus par le pavillon britannique, s'élan-
cent dans la voie qui leur est désignée, étudient la
position, obtiennent la confiance des chefs indigènes,
flattent leur amour-propre par des cadeaux, puis soit
par la persuasion, soit par la menace, les amènent à
entrer directement en relations avec leur gouvernement. Un traité est bientôt signé, assurant aux Anglais
la part du lion.

Alors, arrivent leurs traitants qui parcourent la
contrée, fondent des comptoirs et créent des relations
commerciales et maritimes avec la métropole. Au
bout de quelques années, la Grande-Bretagne règne
en maîtresse absolue dans ce pays, qu'elle exploite.
Elle finit par l'annexer ou se contente d'y établir son
protectorat.

Telle est la marche que suivent nos voisins partout
où ils veulent s'implanter ; telle est celle qu'ils suivent à Madagascar.

Forcés de reconnaître que les traités de Vienne et
de Paris consacraient nos droits sur cette île, ils renon-
cèrent à la guerre ouverte et entreprirent immédiatement, contre nous, une lutte sourde et opiniâtre, qui
a été couronnée de succès.

La population de Madagascar se divise en plusieurs
tribus indépendantes, dont les plus importantes sont :
les Sakalaves, habitant la côte Nord-Ouest, en face et à
proximité de Nossi-Bé ; les Malgaches purs ou Madé-

casses, fixés sur la côte orientale ; enfin, les Hovas au centre.

En 1816, la plupart des chefs de ces tribus reconnurent notre autorité ; mais Radama, chef des Hovas, la repoussa, encouragé et aidé dans sa résistance par sir Farquhar, gouverneur de Maurice. A la mort de ce chef, sa veuve Ranavalo, suivit la même politique, et la lutte contre les Français prit un caractère tellement aigu, qu'une expédition fut organisée (1829). Le capitaine Goubeyre la commandait. Les débuts furent heureux. Nos soldats s'emparèrent de Tintingue, de Tamatave et du fort Larrée. Malheureusement à la suite de l'imprévoyance des chefs et du gaspillage des ressources, la famine éclata ; l'évacuation de l'île fut décidée par le gouvernement de Juillet, qui réserva nos droits.

A partir de ce moment, les Hovas, victorieux, étendirent leur domination, et aujourd'hui le pouvoir de leur reine Ranavalo II est reconnu presque sur la moitié du territoire.

Toutefois, les Malgaches purs et les Sakalaves ont conservé leur indépendance. Mais comme ces derniers sont les alliés de la France et placés sous sa protection, ils ont à souffrir des mauvais traitements des Hovas. Pour s'y soustraire, un grand nombre d'entre eux émigrent à Nossi-Bé et à Sainte-Marie.

C'est principalement à partir de 1831 que les Sociétés protestantes commencèrent à s'établir dans l'île d'une manière sérieuse. Aujourd'hui, elles sont au nombre de quatre : la « London missionary Society » ; la « Friend's foreing mission Association » ; la « Norwégian missionary Society » ; la « Society propagation Gospel » ; ayant toutes ensembles vingt-sept stations.

Le missionnaire, chargé de l'une de ces stations, rédige, chaque année, un mémoire sur la situation religieuse, politique et intellectuelle de sa localité. Tous ces mémoires sont ensuite condensés dans un mémoire général, qui est remis au gouvernement britannique.

Les deux premières de ces Sociétés, qui sont les plus importantes, comptaient, d'après une statistique établie pour l'année 1878-1879 : 1,142 congrégations, 519 native pastors, 253 évangelists, 3,907 native preachers, 70,124 churchs members, 253,182 native adhérents, 25,535 adults able to read ; 36,255 bibles and testaments.

Il y a sans doute quelque exagération dans ce document fourni par les missions protestantes ; ce qui le prouve c'est que, d'après la statistique ci-dessus, la *London missionnary Society* et la *Friend's foreign mission association* ne seraient établies que dans vingt-deux stations et auraient 882 écoles comprenant : 48,364 scholars (boys and girls). Si l'on songe que ces vingt-deux stations sont dans des localités peu peuplées, on admettra que le chiffre de 882 écoles et de 48,364 élèves est une exagération un peu trop évidente pour figurer décemment dans une publication, même méthodiste.

Il n'en est pas moins vrai que, en faisant la part de ces chiffres fantaisistes, les missions protestantes, disposant de ressources considérables, ont fait de rapides progrès.

Voici ce que dit le docteur Lacaze, de la Réunion, dans le récit de son voyage à Madagascar :

Les anglicans ont depuis peu, à Tamatave (1), un temple et une école, où ils attirent la classe dominante principalement; j'ai assisté à leur office et je n'y ai généralement vu que des Hovas. Le gouvernement, sans avoir de religion arrêtée, penche pour le protestantisme. Ceux qui font partie des honneurs, des emplois et leur suite, ont pris la même marche, à part quelques exceptions... Les deux religions (catholique et protestante) sont en présence et la lutte est vive; c'est à qui aura le plus de prosélytes...

A Tananarive, les méthodistes ont, depuis quelque temps, un médecin, un hôpital bien organisé, où les malades reçoivent, gratis, les soins, les médicaments. (Le médecin est payé 15,000 fr.).

Nous visitâmes l'imprimerie anglaise, dont tous les travaux sont exécutés par des femmes malgaches, sous la direction d'un Anglais, qui nous a fait visiter avec une grande complaisance. C'est encore la Société des missions qui fait ici tous les frais; elle augmente son influence et pousse au progrès par tous les moyens. Un magazine vient d'être publié en malgache et paraît tous les deux mois. On a imprimé les lois ainsi que les discours de la reine, des grammaires, des dictionnaires, etc. Grâce aux Anglais et aux Français, la langue se forme et se fixe.

Les missionnaires anglais se servent surtout de la presse pour propager leur influence. Ils impriment huit publications périodiques, dont six en langue malgache. Voici leur titre et leur tirage :

1° *Ny-Gazety-Malagasy*. Premier journal fondé à Madagascar, le 1er janvier 1875, 3,000 exemplaires ;

2° *Tem-Soa*. Mensuel, 3,500 exemplaires.

3° *Varytou-drahanTantely*, illustré, paraît tous les deux mois, 3,000 exemplaires ;

4° *Mpanolo-Tsaina*, trimestriel, 700 exemplaires;

5° *Sakaizany-Ankizy madineka*, revue annuelle, 2,500 exemplaires.

On ne compte que cinq villes importantes à Madagascar, dit M. A. Grandidier : *Tananarive*, la capitale (75,000 habitants), *Fianarantsoux* (10.000 habitants), *Tamatave* (7,500 habitants), *Madsanga* ou *Majuuga* (6,000 habitants) et *Foulepointe* (4,000 habitants). — Tamatave, située sur la côte orientale, à 352 kilomètres de Tananarive, est le port principal et la place de commerce la plus importante de l'île. On y compte environ 2,000 marchands européens ou créoles; il y a des consuls français, anglais et américain.

2

6° *Isan-Kerintaona*, revue annuelle, illustrée ;

7° *Antananarivo annual* (en anglais) *and Madagascar magazine*, 700 exemplaires.

8° *Proceedings* (mémoires) de la Société savante malgache.

Ces publications sont entre les mains des anglicans une arme redoutable de propagande politique. Ils s'en servent surtout pour déconsidérer et rabaisser la France, en exploitant le récit de ses malheurs pendant la guerre de 1870-1871 et en la représentant comme réduite à l'impuissance.

En même temps qu'ils agissaient sur le peuple par ces excitations perfides, les missionnaires anglais s'insinuaient dans les bonnes grâces du gouvernement hova et couronnaient leur œuvre en amenant la reine Ranavalo à embrasser la religion protestante. Son exemple fut bientôt suivi par son premier ministre, Rainilaiarivony, et par les principaux personnages de la cour. Dès ce moment, l'influence des méthodistes est devenue dominante.

Actuellement, tout ce qui émane du gouvernement malgache est l'œuvre des anglicans. Les proclamations de la reine, ils les rédigent ; les lois civiles et militaires, ils les inspirent. Placés dans les coulisses, ils font mouvoir à leur gré et dans l'intérêt de la politique britannique tous les rouages du gouvernement.

Voici plusieurs exemples saisissants qui montrent bien la nature et l'importance de leurs agissements :

Pendant plusieurs années, l'instruction de l'armée hova fut confiée à des Français ; le dernier instructeur fut un officier nommé Loyal. Mais, en 1876, à l'instigation des anglicans, la reine Ranavalo procéda à une réorganisation militaire sur les bases suivantes (1) ;

1° Licenciement des vieux soldats instruits par les Français ;

2° Remplacement de ces soldats par de jeunes conscrits placés sous la direction d'officiers instructeurs *anglais* ;

3° Service militaire obligatoire pour tous les Malgaches pendant cinq ans ;

4° Sont exemptés du service, les malades, les infirmes, les hommes âgés, les *missionnaires indigènes et les jeunes gens qui suivent les cours aux écoles protestantes*.

Les missionnaires catholiques indigènes et les jeunes gens qui suivent les cours aux écoles catholiques sont, eux, astreints au service militaire.

En 1878, pour utiliser ces vieux soldats au profit de leur influence, les méthodistes les firent constituer en un corps spécial, connu sous le nom d'Amis des Villages. On les plaça dans toutes les localités un peu importantes, où il devinrent les intermédiaires de la reine et de ses sujets. Ils furent chargés d'enregistrer les naissances, les décès, les mutations de propriété, d'envoyer les enfants aux écoles (protestantes), aux églises (protestantes), de constater les délits (surtout ceux mis à la charge des Français et de leurs amis), etc., etc.

Comme ces agents, instruits par des Français, pouvaient n'être pas assez dociles au gré des anglicans, ces derniers conseillèrent à la reine de leur adjoindre,

---

(1) *Bulletin de la Société des Etudes coloniales et maritimes*. (Année 1881)

à titre de suppléants, des jeunes indigènes *sortis de leurs écoles*. Ce qui fut fait.

Grâce à cette organisation, les agents de l'Angleterre ont, comme à la Cour, la haute main sur toute la surface du pays, enveloppé dans un réseau dont ils tiennent tous les fils.

Le second fait, dont nous avons à parler, est encore plus caractéristique. D'après Sir Bartle Frère, on *importait* annuellement à Madagascar 8 à 10,000 noirs africains, qui devenaient esclaves. En 1874, sur les instances des agents britanniques, la reine prononça l'émancipation des esclaves mozambiques, émancipation confirmée par les proclamations des 20 et 21 juin 1877. Ce fut un acte louable.

Malheureusement, ce n'était là que le prélude de mesures anti-françaises.

Nos colonies voisines de Madagascar, Mayotte, Nossi-Bé, et surtout la Réunion, manquant de bras, recrutèrent des travailleurs parmi les Mozambiques libérés.

Que firent nos bons amis les Anglais pour empêcher ce recrutement, nécessaire à notre prospérité coloniale ?

En affranchissant les Mozambiques, le gouvernement hova leur avait donné des terres pour les attacher définitivement au sol. Mais ce moyen ne réussit pas. Un grand nombre d'affranchis vendaient ces terres à des indigènes, ou, ce qui était pis encore, à des étrangers. Alors, sur l'avis des agents britanniques, la reine fit, le 21 juin 1877, la proclamation suivante :

Proclamation de Sa Majesté Ranavalo Manjaka, Reine de Madagascar,

Etc.   Etc.   Etc.

Aux Gouverneurs, Officiers, Juges, chefs d'escadre et aux Princes.

Moi, Ranavalo Manjaka, par la grâce de Dieu et la volonté du peuple, et Défenseur des Lois de mon Royaume,

Etc.   Etc.   Etc.

Je vous avise que, conformément à ma proclamation du 20 juin 1877,

Tous les Mozambiques sans distinction qui habitent mon Royaume ne sont plus maintenant des esclaves, mais des sujets libres; vous voudrez donc, par conséquent, me faire parvenir une liste de tous les Mozambiques qui se trouvent dans votre district.

Donnez-leur la terre dont ils pourraient avoir besoin pour leurs plantations; seulement veuillez leur expliquer, franchement, qu'il leur est interdit de vendre cette terre, parce qu'elle m'appartient. Vous n'ignorez point que les Mozambiques sont des créatures assez bornées, qui ne manqueraient pas d'être le jouet des personnes qui prendraient leurs terres. Comme ils seraient alors dans une affreuse misère, c'est pourquoi je désire vivement sauvegarder leurs intérêts; de plus, aucun achat de terre fait dans de pareilles conditions ne sera valable. Je vous recommanderai aussi de conseiller les Mozambiques sur le meilleur mode d'employer leur temps, afin qu'ils puissent avoir de quoi vivre.

Vous voudrez aussi les laisser parfaitement libre de choisir l'état qui leur conviendrait pour gagner leur existence; en outre, s'il y avait quelques Mozambiques dans le malheur, vous leur donnerez de la nourriture, tout en leur conseillant de travailler avec courage,

Si j'entendais parler que des Mozambiques fussent morts d'inanition, ou maltraités, une enquête immédiate serait faite, et les coupables, malgré leur rang, punis sévèrement.

Signé : RANAVALO MANJAKA,
Reine de Madagascar.

Ceci est une proclamation de S. M. Ranavalo Manjaka, Reine de Madagascar.

Signé : RAINILAIARIVONY,
Premier Ministre et Commandant en chef.
Dieu protège la Reine !

Il survint alors un fait que l'on n'avait pas prévu : les affranchis mozambiques ne vendirent pas leurs terres ; ils les abandonnèrent et émigrèrent dans les colonies françaises.

Cette fois, on eut recours à un moyen radical. Un second décret défendit aux affranchis de quitter Madagascar sans l'autorisation des gouverneurs de la reine. Le recrutement des travailleurs mozambiques pour les colonies françaises était désormais impossible!

Mais la politique anglaise ne devait pas borner là ses victoires diplomatiques.

Leur situation politique déterminée et bien assise, les Anglais sont entrés dans la phase commerciale. Le commerce qui se fait actuellement entre Maurice et Madagascar représente les deux tiers des importations et des exportations ; l'autre tiers étant partagé entre la France et les Etats-Unis (1). Depuis 1878, Madagascar est reliée à l'Angleterre par une ligne de steamers appartenant à la *Bristish India steam Navigation Company.*

Cette Société ayant obtenu du gouvernement français une subvention pendant dix ans, pour le transport des malles de Zanzibar à Nossi-Bé, a trouvé sans doute dans ce traité, des avantages suffisants pour lui permettre d'étendre le service de cette ligne jusqu'à Mouzangaye, port commerçant de Madagascar, situé au sud de Nossi-bé.

Mais cette ligne a été créée bien plus pour rehausser

_____

(1) Le commerce de Madagascar, importations et exportations réunies, est de quatorze millions. S'il y avait, dans l'intérieur, des voies de communication, le commerce serait considérable ; mais tous les transports se font au moyen de porteurs.

le prestige de l'Angleterre, que dans un but exclusivement commercial (1).

Maintenant que nous connaissons l'influence politique prise par l'Angleterre à Madagascar, arrivons aux derniers événements qui sont le résultat de cette situation.

III

Les derniers évènements

Malgré les vexations de toutes sortes auxquelles étaient en but, de la part du gouvernement hova et de ses inspirateurs, les Français et les peuplades indépendantes, leurs alliés, ils conservaient encore une influence, amoindrie sans doute, mais susceptible de se relever et de s'étendre. Elle reposait sur trois éléments : d'abord, notre protectorat sur certaines peuplades de l'île ; ensuite, la possession du sol par un certain nombre de colons, enfin et surtout les établissements élevés par les Pères Jésuites, les Frères de la Doctrine chrétienne et les Sœurs de charité, établissements consacrés à l'instruction publique, à la charité et aux exercices du culte.

C'est à renverser ces fondements de notre influence

---

(1) Une convention en date du 15 janvier 1881, ratifiée par la loi du 23 juin, a concédé à la Compagnie des Messageries maritimes, pour quinze années, l'exploitation du service postal de l'Australie et de la Nouvelle-Calédonie. La convention s'applique à 13 voyages annuels pouvant être éventuellement doublés et ayant pour les parcours actuellement engagés l'itinéraire ci-après. Le paquebot partant de Marseille passera par Port-Saïd, Aden, la Réunion, Maurice, pour aller desservir les grands marchés producteurs de Melbourne et de Sydney. Nouméa est le but extrême. Le service devra être en activité le 23 juin 1883.
Maintenant rien ne sera plus facile de relier Madagascar à la France, au moyen de cette nouvelle ligne française, et d'enlever au pavillon britannique le monopole dont il a joui jusqu'à présent.

politique que s'est acharnée la diplomatie anglaise, de concert avec le gouvernement hova.

Nous voilà arrivés aux deux derniers évènements qui ont donné naissance à la question de Madagascar.

Le premier est relatif à la tentative faite par la reine Ranavalo II pour étendre sa domination sur les peuplades placées sous le protectorat de la France. Le *Journal des Débats* a reçu de Nossi-Bé une lettre, en date du 3 juillet dernier, qui donne des renseignements très complets sur ce point. Nous croyons devoir les reproduire, car ils nous font bien connaître l'attitude sournoise et déloyale des agents britanniques à l'égard de notre pays :

Sous le prétexte d'excursions évangéliques ou scientifiques, les missionnaires protestants ont parcouru les côtes Est et Ouest de l'île ; ils ont surtout porté leur pas sur la côte Ouest et Nord-Ouest, en face de laquelle se trouve la colonie française, Nossi-Bé et dépendances.

En 1877, un évêque anglais le *bishop* Kertellornish, accompagné du missionnaire Boschelor, est venu visiter la baie de Passandava, les îles Nossi-Bé, Nossi-Faly, Nossi-Mitsiou, jusqu'auprès du cap d'Antongil. Le récit de son voyage a paru dans l'*Antananarive-Annual Magazine*, publication de la « London missionnary Society. »

En 1878, un autre missionnaire, M. Pickersgill, qui habite Masungo (côte Ouest) depuis fort longtemps, est arrivé dans les parages de Nossi-Bé, à bord du navire anglais le *Sparten*. Il a exploré la côte Ouest et principalement la magnifique baie de Baratou-Bé.

Ces voyages avaient pour but d'examiner le pays, de sonder les populations, et de constater le degré d'influence que la France exerçait sur elles.

Plus tard, en juin 1881, M. Pickersgill, accompagné cette fois d'un autre missionnaire anglais, M. Parrett, imprimeur photographe à Tananarive, vint faire une nouvelle tournée dans les parages de Nossi-Bé.

Les premières excursions avaient instruit ces deux hommes sur les chances de succès que pouvaient avoir, auprès des chefs indigènes, des propositions diplomatiques sérieuses. En effet, ils sont allés visiter les trois seuls chefs qui reçoivent, ou dont les grands pères ont reçu des indemnités du gouvernement français.

Le premier est la princesse Binar, reine des Baratou-Bé, et petite fille d'Andriansouky, qui nous a cédé, en 1843, l'île Mayotte et ses droits sur les pays de Marambitsy, de Baly et Souhalala, moyennant 5,000 fr. par an.

Le second est Mounza, roi d'Ankify. (Ankify et Bourbon-Bé sont deux presqu'îles qui forment l'immense baie de Passandava, à l'entrée de laquelle se trouve Nossi-Bé.) Mounza est le petit-fils de Trimandrou, qui recevait une pension de 900 fr. par an pour la cession qu'il nous fit, en 1041, de ses droits sur la baie de Passandava.

Le troisième est Tsimihare, roi des Ankankares, réfugié à Nossi-Mitsiou, qui touche encore actuellement une pension annuelle de 1,200 fr. en récompense de l'abandon qu'il nous a fait de tout l'Ankora, territoire de sa famille. (Arrêté du gouvernement de l'île Bourbon du 10 octobre 1842.)

On peut ajouter que ces deux missionnaires sont allés aussi visiter Agnounou, chef sakalave, qui demeure dans l'île de Nossi-Lava (Nos-Saucassée des cartes, en face de la grande baie de Nareenda.) Agnounou est le petit-fils de Tsihomekou, reine sakalave, qui nous a cédé Nossi-Bé et les îles environnantes, ainsi que tous ses droits sur la côte Ouest de Madagascar, en 1841, date de l'occupation de ces îles par la France. (1)

Il faut avouer, vous en conviendrez, que nos deux voyageurs savaient à qui s'adresser, et qu'ils étaient loin de marcher en aveugles.

On se demandera dans quel but ils faisaient toutes ces visites. Le voici :

Ils invitèrent adroitement ces divers chefs à envoyer à Tananarive, capitale de la tribu hova, des messagers uniquement, disaient-ils, dans l'intention de rendre une visite de courtoisie à la reine Ranavalo-Manjaka, et de faire acte de bon voisinage. Ils ajoutèrent qu'ils seraient admirablement bien reçus, et, argument décisif, insinuèrent qu'ils seraient défrayés de toutes dépenses de voyage.

Les chefs, sans se demander la raison d'une pareille démarche, envoyèrent en effet tout ingénuement chacun un émissaire à Tananarive. M. Parrett, qui est un homme ardent, impatient de profiter de ses avantages, les transporta au plus vite par une embarcation à ses gages, à Majenka, d'où il les accompagna à la capitale.

Ceci se passait en juin 1881.

_____

(1) Voyez le *Guide des Consulats*, de MM. de Clercq et Nallat, et un article sur Nossi-Bé, signé Léonce Detcheverry, qui a paru dans la *Nouvelle Revue*, numéro du 15 novembre 1881.

Le voyage est long de la côte à Tananarive. Les envoyés sakalaves et antaukaves ne revinrent de leur curieuse promenade qu'en janvier 1882. Ils avaient été fort bien traités, mais ils se trouvaient maintenant accompagnés d'officiers hovas porteurs du pavillon de la reine Ranavalo-Manjaka. Cette reine leur avait conseillé de l'accepter à titre purement gracieux et avait donné, en sous-main, l'ordre, à ses officiers, de le faire arborer quand même sur le territoire des chefs dont elle venait de recevoir la visite.

Il ne faut pas oublier que Ranavalo, en publiant à ce moment même les premières lois écrites qui aient paru à Madagascar, avait déclaré, dans sa proclamation, que « *la mer devait être la limite de son royaume.* » Il résulte de cette orgueilleuse devise qu'elle voulait s'emparer par la ruse ou par la force, de toute la côte Nord-Est de Madagascar ; et que les voyages des Kestell-Cornish, Bochelor, Parrett, Piekersgill et Walen étaient des missions politiques déguisées mais réelles.

Or, ces territoires de la côte Ouest appartiennent, depuis longtemps, à la France, comme nous venons de le voir.

La reine hova violait donc les principes les plus élémentaires du droit international. Les agents du gouvernement français à Tananarive et à Nossi-Bé, pouvaient-ils de gaieté de cœur, laisser ainsi se consommer la ruine de notre influence. Non, certainement. Aussi de pareils faits n'ont-il pu s'accomplir sans provoquer de leur part les plus légitimes protestations.

C'est ce qu'ils ont fait hardiment, et de là est né le conflit qui vient de surgir à Madagascar, et dont nous venons, aujourd'hui, vous entretenir.

Avant d'entrer en matière, il est utile de vous faire connaître que, pendant ce même mois de juin 1881, où les chefs de la côte Ouest étaient ainsi influencés, un amiral anglais, sir Gove Jones, accompagné du consul britannique Puckenham, est monté à Tananarive. Nous savons que sir Dilke (à la Chambre des communes séance du 9 mars dernier) a déclaré que le voyage de l'amiral n'avait d'autre motif que de faire une visite de courtoisie à la reine Ranavalo. Mais n'en déplaise à cette autorité officielle, une visite faite dans de pareilles conditions et à une telle époque, en concordance avec les menées anglaises de la côte Ouest, nous prouve surabondamment qu'elle avait une autre portée. Aussi bien dans la circonstance le gouvernement anglais, voyant ses batteries découvertes, va retirer son épingle du jeu et s'empressera de désavouer ses missionnaires. Mais il est politique de faire ressortir la singulière concordance des actes de ces missionnaires avec ceux des officiers anglais. L'opinion publique jugera plus sainement le plus ou moins de sincérité des protestations de l'Angleterre.

Au mois de septembre 1881, le commandant de Nossi-Bé rentra de congé. Mis aussitôt au courant de ces événements, il réussit à s'entendre avec notre consul à Tananarive. Et, en attendant l'arrivée du chef de la station navale de la mer du Sud, il s'adressa aux populations, les visita même et fit tout son possible pour enrayer l'influence anglo-hova, depuis Mauroimsany jusqu'au cap d'Amble. Nous disons *tout son possible*, rien n'est plus exact, car il n'a entre les mains ni bâtiment de guerre, ni artillerie, ni infanterie, rien qu'une police locale ordinaire. Par une inconséquence coupable, la direction des colonies, oublieuse de la Nouvelle-Calédonie et de Sainte-Croix, laisse Nossi-Bé à la merci d'un coup de main, malgré les plus sages avertissements.

Grâce à sa fermeté, le commandant de Nossi-Bé, que la canonnière la *Pique*, par hasard dans ses eaux, put seconder un instant, réussit à faire refuser par Tsmiharo les pavillons que les Hovas voulaient arborer à Nossi-Faly et à Nossi-Mitsiou, où flotte le drapeau de la France.

Malheureusement, il ne put empêcher qu'il fût planté à Baratou-Bé et à Sambirano (Aukify), les 12 et 15 janvier 1882. Binao et Moruya s'y opposèrent de toutes leurs forces, mais ce fut en vain; l'une était trop jeune et servie par de détestables ministres, l'autre était atteint par la maladie.

Le chef de station et le commandant de Nossi-Bé ainsi que le consul de Tananarive, ne voulurent pas employer la force; ils adressèrent à la reine, par l'intermédiaire du consulat, de vives représentations.

La reine ne voulut rien répondre. Sa devise n'est-elle pas : « La mer sera la limite de mon royaume ! »

En présence de ce refus catégorique, notre consul cessa toutes relations officielles, quitta la capitale et descendit à Tamatave, où il est actuellement. A ce moment, des menaces de mort furent proférées et même placardées contre le chancelier du consulat, M. Campan.

Là, il s'entendit avec le chef de la station, et après de sérieuses conférences, ces deux officiers décidèrent qu'il était indispensable au moins de faire disparaître ces deux pavillons plantés à Mahavanbuá (Baratou-Bé) et à Sambirano (Aukify). Leur présence, en effet, sur un sol français était une flagrante violation de notre territoire. M. le Timbre, vint, avec le *Forfait* à Nossi-Bé et, le 16 juin dernier, il procéda à l'enlèvement des pavillons et à l'abattage des mâts. Puis, il retourna à Tamatave pour y surveiller d'un côté le navire hova l'*Antananarivo*, qui doit transporter des troupes sur la côte Ouest, et d'un autre côté, les faits et gestes des autorités hovas de cet endroit, pour les empêcher de causer le moindre préjudice à nos nationaux.

Telle est, dans toute sa vérité, la situation de la politique française à Madagascar. Il est nécessaire qu'elle soit tranchée le plus tôt possible. Il est temps que notre gouvernement comprenne enfin l'importance pour la France de la possession de la grande île Malgache. Notre prestige national, trop longtemps humilié par des sauvages que conseillent des alliés égoïstes, nous le commande ; nos intérêts industriels et commerciaux nous en font une loi.

Ce n'est pas tout ; le gouvernement hova a accentué l'hostilité de son attitude à notre égard, en violant audacieusement les traités.

On annonce, en effet, que la reine Ranavalo a, par une nouvelle loi portant le numéro 85, défendu à tout Malgache de vendre ses terres à un vasaha (étranger), sous peine de dix ans de fer.

Cette interdiction est une violation formelle du traité de 1868, dont voici les principales dispositions :

Art. III. — Les sujets français, dans les états de S. M. la reine de Madagascar, auront la faculté de pratiquer librement et d'enseigner leur religion, de construire des établissements destinés à l'exercice de leur culte, ainsi que des écoles et des hôpitaux, etc. Ces établissements religieux appartiendront à la reine de Madagascar, mais ils ne pourront jamais être détournés de leur destination. Les Français jouiront, dans la profession, la pratique et l'enseignement de leur religion, de la protection de la reine et et de ses fonctionnaires, comme les sujets de la nation la plus favorisée. Nul Malgache ne pourra être inquiété au sujet de la religion qu'il embrassera, pourvu qu'il se conforme aux lois du pays.

Art. IV. — Les Français à Madagascar jouiront d'une complète protection pour leurs personnes et leurs propriétés. Ils pourront, comme les sujets de la nation la plus favorisée, et en se conformant aux lois et règlements du pays, s'établir partout où ils le jugeront convenable, prendre à bail ou acquérir toute espèce de biens, meubles et immeubles, et se livrer à toute les opérations commerciales et industrielles qui ne sont pas interdites par la législation intérieure. Ils pourront prendre à leur service tout Malgache qui ne sera ni esclave ni soldat, et qui sera libre de tout engagement antérieur. Cependant, si la reine requiert ces travailleurs pour son service personnel, ils pourront se retirer, après avoir préalablement prévenu ceux qui les auront engagés, etc.

À la suite de cette violation du traité, en présence des outrages et des menées dont il était l'objet, le personnel tout entier du consulat a reçu du consul l'ordre de quitter la capitale et de venir le rejoindre à Tamatave.

Certains journaux, comme le *Figaro*, ont paru confondre ce nouvel édit interdisant à tous les Malgaches de vendre leurs terres aux Européens avec la proclamation dont nous avons publié le texte, et qui concerne uniquement les affranchis mozambiques.

Cependant, la confusion n'est pas possible. La proclamation est du 21 juin 1877, trop ancienne pour être présentée comme un fait nouveau. D'ailleurs, si la pensée qui l'a inspirée était anti-française, on ne pouvait cependant contester au gouvernement hova le droit d'imposer cette interdiction de vente, comme condition des dons de terre domaniales qu'il faisait aux Mozambiques. Aussi cette mesure n'a-t-elle soulevé, en 1877, aucune réclamation de la part de notre agent consulaire.

Il s'agit donc d'un nouvel édit ayant pour but d'arrêter à Madagascar la propagation du catholicisme, c'est-à-dire de l'influence française. C'est à cela d'ailleurs, que, depuis plusieurs années, tendait le gouvernement hova, poussé par les Anglais.

Nous trouvons dans les *Missions catholiques* (année 1881, p. 272) le rapport adressé, le 3 février 1881, à MM. les directeurs de la Propagation de la Foi, par le R. P. Delboc, de la Compagnie de Jésus, missionnaire à Tananarive, rapport qui contient d'intéressants renseignements :

Lors de la conclusion du traité anglais, 27 juillet 1865, le bruit courut que le protestantisme allait être religion d'État à Madagascar. Un traité secret contenait, disait-on, cette clause. De plus, un mot prononcé par le consul anglais, M. Packenam, signataire du traité, qui quittait Tananarive pour fixer sa résidence à Tamatave, semblait renfermer une menace à ce sujet. Quoi qu'il en soit, trois ans après, en 1868, époque du couronnement de la reine actuelle, juste au moment où se concluait le traité du gouvernement de Tananarive avec la France, s'ouvrait cette série non interrompue de menées sourdes encore, mais qu'un œil tant soit peu clairvoyant ne pouvait manquer d'apercevoir ; aujourd'hui, que la position est clairement dessinée, nous avons, sans craindre un démenti, le droit de décorer ces menées de leur vrai nom : la *persécution* ; c'est, en effet, contre la religion catholique que le gouvernement malgache, de *connivence avec le protestantisme anglais*, dresse tout un arsenal de ruses et de tracasseries inqualifiables.

Le P. Delboc cite de nombreux faits prouvant la pression exercée par le gouvernement pour enlever aux Malgaches la liberté de conscience et l'exercice du culte catholique : les enfants exposés aux plus mauvais traitements de la part des agents anglicans et même des agents de l'autorité, quand ces enfants fréquentent les écoles catholiques, la privation de sépulture dans le tombeau des ancêtres, etc.

En ce qui concerne les achats de terrain, le P. Delboc ajoute :

Disons d'abord que lorsqu'il s'agit de construire pour les protestants, écoles ou temples, il n'y a jamais ombre de difficulté. Un ordre émanant de Tananarive, le prédicant anglais, de concert avec les notables de l'endroit, choisit le terrain à sa convenance, et puis la corvée se charge du reste. Les bâtiments s'élèvent, sans même que l'on ait songé à indemniser le propriétaire.

Mais, pour les catholiques, on a d'autres poids et d'autres mesures...

Depuis longtemps on voyait poindre clairement la tendance du gouvernement à empêcher le développement de nos œuvres, et principalement de nos écoles, et l'un de ces moyens principaux fut de rendre de plus en plus difficile la cession des terrains destinés à la construction des églises et des écoles catholiques.

Jusqu'au mois de novembre 1871, on s'en tenait purement et simplement au traité, et d'ordinaire les missionnaires s'accordaient à l'amiable avec l'autorité.

Mais en novembre, le récit de nos défaites est propagé à Madagascar et exploité par nos bons amis les Anglais auprès du gouvernement hova. Celui-ci, dès lors, ne se croit plus tenu à observer les traités qui le lient à une puissance vaincue et humiliée. Le 9 novembre 1871, en présence de M. Laborde, consul de France, le premier ministre signifie aux missionnaires que, toutes les fois qu'ils voudront bâtir une église, ils devront l'avertir. C'était un acheminement vers une mesure arbitraire.

Nous avons dit qu'en 1878, à l'instigation des anglicans, le gouvernement hova avait organisé une administration composée de vieux soldats libérés et répandus dans les centres importants, sous le nom de : « Amis des Villages », pour y être les agents de la reine et surtout des Anglais. Le 4 juillet 1878, ce nouveau corps reçut une espèce de code dont il devait surveiller l'observation. Or, au nombre des nouvelles prescriptions se trouvait celle-ci :

Pour ce qui regarde les églises ou les écoles, liberté de bâtir. Si c'est un vazaha (étranger) qui construit, vous lui parlerez ainsi : « Montrez-nous le contrat de loyer dûment signé et muni du sceau de l'autorité de Tananarive. » Si le contrat est régulier, laissez marcher la construction. Mais s'il n'a pas de contrat, dites-lui : « Vous commencez une église ou une école sans avoir de contrat signé et muni du sceau de l'autorité de Tananarive ; allez d'abord à Tananarive régulariser vos pièces avec l'autorité ; sans cela vous ne pouvez pas construire. »

Si l'on songe que Madagascar est plus étendue que la France, que Tananarive est au centre, que pour y parvenir il n'y a pas de routes carossables, les transports se faisant tous avec des porteurs, on verra

que l'obligation d'aller à Tananarive pour faire apposer
le sceau de l'autorité sur le contrat, c'était, pour la
plupart des cas, rendre les transactions impossibles.

Si les parties intéressées avaient le courage d'entreprendre ce voyage, voici ce qui se passait. Le Malgache, qui voulait louer ou vendre sa terre, compa-
raissait devant les autorités ; celles-ci le menaçaient
alors de toutes les colères du gouvernement, s'il se
dessaisissait de sa propriété. A la suite de ces menaces, le Malgache refusait naturellement de donner
suite au projet. Quand le vazaha (étranger) se présentait à son tour, les autorités lui disaient qu'il s'était
mépris sur les intentions du propriétaire, lequel n'en-
tendait nullement vendre ou louer sa propriété. Elles
prenaient à témoin le Malgache présent, qui confir-
mait leur dire, et le tour était joué.

Cette loi hypocrite, mais ingénieuse, porte le numéro 49 et a pour préambule ces mots : « Pour ce qui
regarde les églises ou les écoles, *liberté de bâtir !!* »

En déchirant ainsi le traité de 1868, en interdisant
aux Malgaches, sous peine de dix ans de fer, de vendre leurs terres aux étrangers, c'est-à-dire en fait aux
Français, la reine Ranavalo II a pris une attitude plus
hostile, mais plus franche. Evidemment elle estime,
avec ses conseillers anglicans, qu'il n'est plus nécessaire de recourir à la ruse et qu'elle peut désormais
se moquer effrontément d'un gouvernement aussi
faible et aussi humilié que celui de la République
française.

Il ne nous manquait plus que cette avanie.

IV

La Politique française

S'il est un sujet digne d'admiration, c'est assuré-
ment le dévoûment avec lequel plusieurs milliers de
missionnaires français — religieux, prêtres séculiers,
Frères de la Doctrine chrétienne, Sœurs de charité, etc.
— propagent sur tous les points du globe, avec le
flambeau de la civilisation chrétienne, l'influence
politique de notre pays. Catholique et Français sont
deux termes qui, à l'étranger, sont synonymes.

Les Anglais ne s'y trompent pas ; aussi n'est-ce pas
sans jalousie qu'ils voient nos vaillants missionnaires,
après s'être fortement établis sur la côte Ouest de
l'Afrique, s'élancer dans la voie ouverte par de Brazza
et Stanley, fonder des stations dans le Congo, au bord
des lacs Victoria Nyanza, Tanganika et Nyassa, pénétrer dans l'Abyssinie et dans le Zanguebar ; du Tonkin,
où ils ont un million de néophytes, s'enfoncer dans
le Laos et le Yun-nan, reprendre leur ancienne influence
dans le Japon et la Corée, et, dans la Chine devenue
plus hospitalière, multiplier les vicariats en groupant
autour d'eux des milliers de Chinois convertis.

Dès 1850, un amiral français, M. Jurien de la
Gravière, témoin de cette merveilleuse propagande
de nos missionnaires, écrivait ces lignes (1) :

Pour attacher la France à la conservation de son influence
morale en Chine, nous n'avons pas besoin d'invoquer des calculs
positifs, qui paraîtraient aujourd'hui prématurés; nous ne demandons point que le patronage des chrétiens chinois devienne dans
nos mains un levier politique, mais nous ne pouvons oublier que
le jour où l'unité du Céleste-Empire viendrait à se dissoudre, le

---

(1) Voyage en Chine et dans les mers et archipels de cet empire pendant
les années 1847, 1848, 1849, 1850.

jour où l'Europe serait appelée à intervenir d'une façon plus directe et plus pressante dans les affaires de l'Extrême-Orient, *la France serait la seule puissance européenne dont le nom pût être invoqué avec confiance par une partie de la population chinoise.* Les intérêts commerciaux peuvent naître, pour nous, en Chine, de la moindre modification apportée dans nos tarifs, du plus léger changement qui se produira sur les marchés de l'Asie ; *les intérêts politiques sont déjà créés.* L'Orient est plein de sourdes et mystérieuses rumeurs. Tout indique que cette vieille société est profondément remuée et tremble sur sa base. Il ne dépend point de la France de fermer ces vastes perspectives ; il est de son devoir de les envisager avec sang-froid, et de méditer le rôle qu'elles lui réservent. Nous pouvons ne point presser de nos vœux ce moment d'inévitable expansion, nous pouvons ajourner nos désirs à des temps plus prospères ; mais si jamais, accomplissant la parole de l'Ecriture, la race de Japhet vient s'asseoir sous la tente des races sémitiques, l'Europe doit s'y attendre, la France doit l'espérer, *les Missions catholiques nous auront gardé notre place à ce nouveau foyer de richesse et de grandeur.*

Un des officiers supérieurs les plus distingués de la marine(1) s'exprimait naguère en ces termes :

« De tels hommes (il parle des missionnaires) ne sont pas seulement l'honneur de la religion à laquelle ils ont donné leur vie ; ils sont l'honneur de l'humanité tout entière ; leurs vertus sont de plus de poids dans la balance où se pèsent les destinées de notre race que toutes les corruptions que le monde, le *wide-world*, étale aux regards du voyageur. Et maintenant, si de ces hauteurs nous descendons aux intérêts secondaires de cette étude, il nous sera facile d'expliquer pourquoi l'exposé de la situation des missions catholiques y tient une si large place. C'est que ces missions sont essentiellement françaises : c'est que pour ces missionnaires comme pour les populations qu'ils dirigent, la France est toujours le représentant avoué du catholicisme, la plus puissante et la plus complète expression de son génie, et que, si nous savons bien que ce sont là des illusions dont notre esprit critique a fait depuis longtemps justice, ces illusions si touchantes, d'ailleurs, dans ces exilés volontaires, sont des réalités, *des forces vives, toujours actives, qui expliquent comment la France joue encore un si grand rôle dans ces lointaines régions, et comment son influence y balance celle de toutes les autres nations maritimes.* »

---

(1) Le contre-amiral Aubé, ancien gouverneur de la Martinique. *Entre deux Campagnes,* notes d'un marin ; Paris, 1881.

Au congrès de Nancy, où étaient réunies toutes les Sociétés de géographie de France, leurs services furent hautement reconnus :

Nos missionnaires, a dit M. Desgodins, ancien inspecteur des forêts, font des Français et répandent partout notre influence ; c'est à eux que nous devons en partie les relations établies entre la Chine et les nations européennes. Beaucoup de cartes des jésuites, m'écrivait M. Garnier, sont encore actuellement ce qu'il y a de mieux. Il est à désirer que les Chambres de commerce et tous les agents français à l'étranger veuillent bien accorder leur appui aux missionnaires.

Le Congrès, s'associant aux idées développées par les précédents orateurs, adopta le vœu suivant, émis par la section de Mont-de-Marsan :

Les Sociétés de géographie, lorsqu'elles seront assez riches, peuvent donner utilement aux missionnaires un concours pécuniaire et matériel en échange duquel elles recevront des communications intéressantes. A défaut d'un concours matériel, elles peuvent toujours donner à ces premiers pionniers de la civilisation leur concours moral, publier leurs travaux, faire valoir près du gouvernement les services rendus par eux, leur adresser des questionnaires détaillés en leur envoyant les secours obtenus ou accordés, diriger leurs efforts dans une voie utile au pays et à son industrie comme à la civilisation.

Nous pourrions multiplier ces éloges émanés de nos marins et de nos savants les plus illustres, de nos voyageurs et de nos consuls les plus expérimentés ; nous pourrions invoquer les hommages rendus à nos missionnaires par les Anglais eux-mêmes. A quoi bon ? Pour tous les esprits non prévenus, la preuve de l'heureuse influence des missions catholiques, au point de vue de l'extension de la civilisation française, est faite depuis longtemps.

Que l'on nous pardonne cette digression. Elle était nécessaire, car nous devons examiner si nos missionnaires n'ont pas montré, à Madagascar, cette persévérance et ce dévoûment qui, partout ailleurs, leur ont valu, même de la part de leurs adversaires, les témoignages de la plus sincère admiration.

Hâtons-nous de le dire, nos missionnaires ont lutté contre la propagande protestante et anglaise, avec une activité admirable. Tandis que leurs adversaires disposaient de fonds considérables, recueillis parmi leurs coreligionnaires de la métropole, tandis qu'ils recevaient de leur gouvernement des subventions, et, ce qui était préférable, un appui moral énergique dans leurs rapports avec les autorités hovas, les missionnaires catholiques étaient réduits aux faibles ressources de la Propagation de la Foi et en but aux violences des agents de la reine Ranavalo II, victimes de la violation des traités conclus avec notre pays, abandonnés et poursuivis enfin, jusqu'à Madagascar, par le gouvernement français, qui aurait dû les protéger.

Cette histoire est lamentable ; jamais on ne vit un gouvernement briser d'un cœur plus léger le seul instrument qu'il eut à sa disposition pour assurer, dans un avenir peu éloigné, sa prépondérance politique sur un aussi beau pays.

C'est ce que nous allons démontrer.

En 1845, un prêtre français, M. Daluon, qui était venu à Nossi-Bé, cinq ans auparavant, avec le titre de préfet apostolique, appela les PP. de la Compagnie de Jésus pour commencer l'évangélisation des Malgaches.

Les débuts furent difficiles pour les nouveaux missionnaires, quand ils voulurent pénétrer dans l'intérieur des terres où, depuis plusieurs années, s'étaient établis les méthodistes, qui considéraient ce pays comme leur domaine exclusif. Mais aussi, depuis cette époque, quels progrès accomplis !

D'après les documents les plus récents et les plus dignes de foi, voici quelle est aujourd'hui la situation de la mission catholique :

Elle se compose des PP. jésuites, directeurs de la mission ; des Frères de la Doctrine chrétienne et des Sœurs de Saint-Joseph. Ces trois ordres religieux ont leurs principaux établissements à Tamatave et à Tananarive, la capitale. Dans le récit du voyage qu'il a fait à Madagascar, le docteur Lacaze nous donne ces renseignements :

Les jésuites commencent à prendre une assez large assiette à Tamatave ; leur église assez grande, n'attire encore qu'un nombre restreint de fidèles, mais ils augmentent tous les jours leurs prosélytes. Ils ont adjoint à leur mission une petite école, dirigée par des Sœurs de Saint-Joseph ; les petites filles malgaches y viennent avec leurs esclaves, qui assistent aux classes. Leur local est trop petit, mais on construisait un bâtiment à étages, qui leur permettra d'avoir plus d'élèves. Les enfants lisent, écrivent déjà assez bien ; elles sont bien organisées pour la musique et chantent des cantiques avec beaucoup d'ensemble et de justesse.

Les Frères de la Doctrine chrétienne viendront bientôt compléter l'œuvre et rendront les plus grands services.

En attendant, les Pères ont affecté dans leur résidence, une chambre, où les jeunes garçons viennent à l'école. Les Pères et les Sœurs se multiplient à l'œuvre : charpentent, jardinent, sont souvent en courses pour aller porter aux malades des soins et des médicaments ; on abuse souvent de leur zèle, qui ne marchande jamais les peines et les fatigues... Les Pères, les Sœurs n'ont ni l'aspect, ni la vie que donne la fortune ; des chapelets, des images, quelques médicaments, sont leurs dons habituels.

A Tananarive, les Frères, les Sœurs et les Pères ont également d'importants établissements ; malheureusement leurs ressources sont insuffisantes, principalement pour leur hôpital. Le docteur Lacaze ajoute, en effet :

Privés de médecins et assaillis de demandes de secours, de soins, les Pères ont confié à l'un d'eux, le père Aillaud, l'exercice de la médecine et de la pharmacie (1). Les pères font tout ce qu'ils peuvent, mais pour un si vaste hôpital il faudrait des conditions de traitement autres, que ne permettent pas leurs faibles ressources.

Les Frères de la Doctrine chrétienne, dans leur modeste ministère, rendent de grands services, plus grands que ceux des Pères. Ces peuples primitifs, sans culture, comprennent difficilement l'estétique de la religion, tandis qu'ils apprécient de suite une belle écriture, un dessin bien fait. Ils acceptent le baptême, le plus souvent sans trop savoir ce qu'on leur donne, tandis qu'une religion qui se traduit par des manifestations saisissables les touche bien davantage. A notre arrivée, on citait à l'appui de cette opinion, un fait tout récent. Un jeune Malgache, élève des Frères, âgé de quatorze ans, avait copié le traité fait avec la France ; l'écriture en était parfaite, ornée de ces enjolivures, qui se font si bien à l'école des Frères. La reine en a été tellement enchantée qu'elle a donné à l'enfant 80 piastres, deux esclaves et le riz annuel pour la consommation de sa famille.

Les Pères sentent le parti qu'ils pourront tirer de cette institution, et leur projet est d'augmenter autant que possible les écoles chrétiennes.

Une imprimerie commence à fonctionner et, avant mon départ, j'ai pu voir une grammaire et un dictionnaire malgaches imprimés chez les Pères. L'un d'eux est organiste, musicien et enseigne la musique ; une Sœur l'apprend aussi aux jeunes filles malgaches. Les méthodistes sont jaloux des succès musicaux de leurs rivaux, et ils en sentent l'importance chez un peuple fou de musique. Les jours de fête, les églises sont pleines et les portes son assiégées par une population nombreuse, attirée par le plaisir d'entendre les chants catholiques. Les méthodistes en ont bien aussi, mais ils avouent la supériorité musicale des Pères.

Les Sœurs sont très à l'étroit dans un espace restreint, mais elles gagnent du terrain et auront bientôt une maison à étage assez grande ; elles ont beaucoup d'élèves, et, toute la journée, leurs couloirs sont encombrés de femmes et d'enfants malades.

Les PP. Jésuites faisaient imprimer, en 1878, une revue mensuelle qui doit paraître encore aujourd'hui.

Il ne nous a pas été possible de nous procurer une statistique indiquant, pour toute l'île de Madagascar, le nombre des missionnaires catholiques, de leurs

---

(1) Nous rappelons que l'hôpital protestant a un médecin anglais, dont le traitement s'élève à quinze mille francs.

églises et de leurs prosélytes. Mais voici des renseignements qui donneront une idée suffisante des progrès accomplis par la mission.

Quatre-vingt-douze instituteurs catéchistes et cinquante maîtresses d'école étaient, en novembre 1880, réunis à Tananarive, pour les exercices de la retraite annuelle. Ces instituteurs et ces maîtresses d'école avaient leur résidence dans la capitale et dans les environs.

Une correspondance adressée de Tananarive, le 8 août 1881, aux *Missions catholiques*, après avoir relaté les traitements atroces dont les enfants catholiques étaient victimes de la part des protestants et des autorités malgaches, ajoutait :

« Cependant, Dieu bénit nos efforts. Voici le ré-
» sumé de nos travaux, du 1er *juillet* 1880 au 1er
» *juillet* 1881 :

« Baptêmes d'adultes, 961 ; baptêmes d'enfants,
» 2,788 ; confessions, 52,009 ; communions ordi-
» naires, 45,000 ; premières communions, 564 ; con-
» firmations, 642 ; postes ou stations, 271 ; églises
» construites, 40 ; églises en construction, 10 ; cha-
» pelles construites, 178 ; chapelles en construction,
» 40 ; maîtres d'école, 215 ; maîtresses d'école, 98 ;
» élèves durant l'année, externes, garçons, 3,860 ;
» filles, 3,868 ; élèves pensionnaires, garçons, 366 ;
» filles, 595. »

Il résulte donc de ces derniers chiffres que, dans l'année 1880-1881, les écoles de la mission française de Madagascar étaient fréquentées par 4,226 garçons et par 4,463 filles.

Quelle énergie, quel dévoûment n'a-t-il pas fallu

à nos missionnaires pour arriver, dans la situation qui leur est faite, à un aussi magnifique résultat !

A l'occasion des incidents de Madagascar, un journal républicain écrivait dernièrement :

« Si les missionnaires jésuites avaient opposé in-
» fluence à influence et agi pour la France comme
» les missionnaires méthodistes ont agi pour l'An-
» gleterre, nous nous serions empressés de recon-
» naître les services rendus. A pareille distance, nous
» ne voyons plus l'habit des gens, nous ne voyons
» que leur nationalité. »

Ces lignes sont étranges. Les missionnaires français ne pouvaient servir la France qu'en poursuivant leur œuvre apostolique, et les résultats qu'ils ont obtenus témoignent hautement de leur zèle et de leur abnégation. Ils ont fait des catholiques par milliers, c'est-à-dire donné à la France des milliers d'adhérents. Nous avons le droit d'affirmer qu'ils ont vaillamment lutté contre la propagande des missionnaires protestants, puissamment soutenus par le gouvernement britannique.

Il nous reste à examiner si le gouvernement de la République a fait le sien en protégeant, à Madagascar, les droits de ces missionnaires, nos nationaux, avec la même énergie que la Grande-Bretagne a défendu les méthodistes, ses agents secrets.

Pendant que le gouvernement français poursuivait, en France, les congrégations religieuses, il était amené, par l'impérieuse nécessité de maintenir au dehors notre influence politique, à donner son appui aux missionnaires appartenant à ces mêmes congréga-

tions. Alors qu'il était ministre des affaires étrangères, M. Barthélemy Saint-Hilaire s'élevait contre le
vœu émis par le Conseil municipal de Paris, et ten-
dant à enlever aux Sœurs de Saint-Vincent-de-Paul
la jouissance des immeubles de la rue du Bac. Dans
une lettre écrite au préfet de la Seine, il invoquait
les services que les Sœurs de cet ordre rendent à la
France : « Cette mesure, écrivait-il, si elle venait à
» être prise, serait très préjudiciable à l'œuvre, qui
» n'a pas les ressources nécessaires pour retrouver
» des locaux qui lui sont indispensables. Comme
» vous le verrez par la copie que j'ai l'honneur de
» vous transmettre de la lettre de M. l'abbé Fiat, et
» par l'annexe qui s'y trouve jointe, la Compagnie
» des Filles de la Charité *nous rend les plus utiles*
» *services en Orient, où elle vulgarise l'étude de*
» *notre langue et où elle fait connaître et aimer*
» *la France. A ce seul point de vue,* je ne saurais
» que recommander vivement à votre bienveillante
» attention la requête qui m'est adressée (1). »

De son côté, M. de Freycinet a montré, dans de
nombreuses circonstances, que l'intérêt de la politique
française faisait un devoir au gouvernement de protéger, à l'étranger, les ordres religieux qu'il persécu-
tait à l'intérieur.

Enfin, il nous a été donné d'entendre M. Gambetta
s'écrier, dans un banquet retentissant : « le clérica-
lisme, c'est l'ennemi ! » et proclamer quelques mois
plus tard, à la tribune, que les catholiques d'Orient
sont « la clientèle de la France ! »

(1) Les Sœurs de Saint-Vincent-de-Paul ont, à l'étranger, 1,054 établissements, dont 32 en Algérie et 34 dans le Levant.

Mais, de nos jours, cette politique à double face est impossible. Par la presse et par le télégraphe, tout ce qui se passe en France est immédiatement connu et a son contre-coup à l'étranger.

C'est ce qui s'est produit en Algérie, dans l'Orient et surtout à Madagascar.

Dans ce dernier pays, les missionnaires protestants ont immédiatement exploité les décrets d'expulsion. Dans les journaux qu'ils ont fondés pour combattre notre politique, il leur a été facile de faire croire que nos missionnaires poursuivaient une œuvre dangereuse, qu'ils allaient égarer et corrompre le peuple hova, qu'il fallait arrêter leur propagande et s'en débarraser, puisque en France on les avait expulsés de leur domicile, des écoles publiques et des hôpitaux. C'est surtout auprès de la reine et des grands de la cour, que les anglicans développèrent ces arguments.

M. de Freycinet avait eu le pressentiment de ce qui allait arriver. Il s'était opposé à ce que l'on poursuivît l'exécution des décrets dans l'île de la Réunion, où les PP. Jésuites ont un établissement dans lequel ils se préparent à l'évangélisation des Malgaches et où ils viennent réparer leurs forces, épuisées par la fatigue de l'apostolat, non moins que par les fièvres qui règnent dans la grande île africaine. Cet établissement était, en quelque sorte, la pépinière dans laquelle se recrutaient les missionnaires de Madagascar. M. de Freycinet en comprenant la nécessité, s'était, quoique protestant, opposé à ce qu'elle fût fermée.

Mais M. Laserve et M. de Mahy prirent feu. Sacrifiant à leurs passions anti-religieuses l'intérêt national, ils exigèrent et obtinrent de l'amiral Cloué l'exécution des décrets.

Ce fut, dans l'île de la Réunion, le signal d'un *tolle* général.

Le *Moniteur de la Réunion*, journal d'un républicanisme avancé, protesta vivement. Voici en quels termes il s'exprimait :

Nous n'avons jamais mangé de prêtres ; nous ne connaissons aucun jésuite. Mais nous avons le sentiment du patriotisme, et nous disons que c'est une faute de frapper au cœur la mission qui reste seule à soutenir, sur le territoire malgache, le prestige du nom français.

Hélas ! la France est trop loin pour savoir tout ce qui se passe dans ce pays, où nous sommes la risée des Anglais et la dupe des indigènes.

Nos grands politiques de la Chambre des députés et du Sénat, nos illustres diplomates, ne se donnent probablement pas la peine de lire tout ce qui s'écrit de Madagascar et sur Madagascar.

Et cette indifférence, cette inertie encouragent les Anglais à dire aux Malgaches : « Depuis ses défaites de 1870-71, la France ne compte plus parmi les puissances. »

Les jésuites combattaient l'influence anglaise à Madagascar. Là ils ne pouvaient pas faire de mal à la France ; ils ne lui faisaient que du bien.

C'est ainsi que l'avait compris M. le ministre de Freycinet, en les maintenant dans tous leurs droits en ce qui concerne la mission de Madagascar et sa succursale de Saint-Denis.

Mais M. de Freycinet est tombé, et de ce qu'il a fait, autant en a emporté le vent.

Dans une lettre très digne, adressée au gouverneur de la Réunion, à la date du 8 avril 1881, le P. C. de Lavaissière, supérieur général de la Mission de Madagascar, protesta également contre cette mesure anti-française que rien ne faisait prévoir. Voici les passages essentiels de cette lettre :

.... Je puis affirmer sur l'honneur que M. l'amiral Jauréguiberry, voulant faire exécuter à Saint-Denis les décrets du 29 mars, comme ils se sont exécutés il y a à peine une demi-heure, M. de Freycinet, alors aux affaires étrangères, l'en a empêché, et a fait maintenir le

statu quo. J'étais alors à Paris ; c'est moi qui ai eu l'honneur de négocier cette affaire avec les deux ministres du moment. Je suis donc
parfaitement à même de savoir la vérité. Or, la vérité est que le
maintien de l'influence française à Madagascar a forcé logique-
ment les deux ministres à laisser la Mission dans l'état où elle s'est
trouvée jusqu'à ce jour, aussi bien pour Saint-Denis que pour
Sainte-Marie-de-Madagascar.

Comment se fait-il que la logique d'autrefois ne soit plus la logique d'aujourd'hui ? La dépêche ministérielle, d'accord en cela
avec mes renseignements particuliers, nous montre la députation
coloniale exerçant une pression sur le ministère, afin d'obtenir à
Saint-Denis l'exécution des décrets du 29 mars. Je ne suis nullement étonné que notre député et notre sénateur, protestants eux-
mêmes ou soi-disant protestants, et à qui l'on reproche d'ailleurs
d'autres actes compromettant les véritables intérêt du pays, se
soient unis aux protestants anglais de Madagascar pour faire la
guerre à la mission catholique et à l'influence française sur cette
grande terre. Nos missionnaires, sans doute, et le consul de France,
commissaire du gouvernement à Madagascar, avaient trop peu d'obs-
tacles à surmonter pour ne pas leur créer de nouveaux embarras.
Nos représentants sont donc allés de l'avant.

Mais qui leur a donné ce mandat ? Est-ce la colonie elle-même ?
Non. Cette île si catholique, qui accueillit si généreusement les
premiers missionnaires de Madagascar, fut le berceau de la Mission et se montra toujours sympathique pour ceux que nos représentants poursuivent de leur autorité ; cette île catholique de la
Réunion n'a jamais donné pareil mandat à son député et à son sénateur. Cette île intelligente, qui a su toujours comprendre ce que
Madagascar peut être dans l'avenir pour ses enfants obligés de s'ex-
patrier, cette île intelligente n'a point donné à ses représentants
l'ordre de combattre sur la grande terre l'influence française au
profit de l'influence anglaise. Qui donc a excité contre nous
MM. Laserve et de Mahy ? M. le ministre, dans sa dépêche, aussi
bien que mes informations venant de France, parle de requêtes
adressées à la députation coloniale afin d'urger l'exécution des
décrets.

Que les auteurs cachés de cette requête anti-catholique et anti-
française me permettent de leur dire que c'est principalement sur
eux que retombe la responsabilité de la mesure prise aujourd'hui
contre la Mission de Madagascar. Nous connaissons les fausses
raisons alléguées par eux afin d'obtenir la fermeture. Nous avons
le droit de les appeler nos premiers et principaux persécuteurs.

Loin de moi, néanmoins, la pensée de vouloir les traiter en
ennemis. Notre premier chef et maître nous ordonne d'aimer nos
ennemis et de prier pour nos persécuteurs. J'ai voulu seulement,
par cette protestation, mettre la vérité dans tout son jour, et donner

à chacun sa vraie part de responsabilité. J'ai voulu de plus, Monsieur le gouverneur, réserver nos droits pour l'avenir ! Malgré tous
les abandons, toutes les persécutions ouvertes ou cachées, nous
espérons combattre à Madagascar pour l'Eglise et la France, et
voir bientôt l'aurore de ce jour si ardemment désiré où la justice,
dégagée de ses entraves actuelles, reviendra régner dans notre
patrie et nous restituer nos droits.

Cet acte de violence commis dans une île voisine
eut, à Madagascar, un grand retentissement. Il fournit
aux missionnaires anglicans un argument victorieux
contre leurs adversaires catholiques. Ils n'eurent
aucune peine à vaincre les dernières hésitations du
gouvernement hova, en lui démontrant qu'il n'avait
désormais aucun ménagement à garder à l'égard de
missionnaires poursuivis sur une terre française, par
les rigueurs de leur propre gouvernement.

A partir de ce moment, en effet, les tracasseries
auxquelles étaient en but les PP. Jésuites, les Frères
et les Sœurs, devinrent une véritable persécution ; on
arrêta la construction des écoles et des églises ; on
accabla les Malgaches convertis de traitements horribles, on en vint enfin à la violation flagrante des
traités conclus avec la France. De là, la question de
Madagascar.

Dans cette situation, que pouvaient faire nos agents
diplomatiques ? Demander et exiger le respect des
traités au profit des missionnaires et de leurs milliers
de prosélytes ? Mais qui ne voit que la conduite du
gouvernement français leur enlevait toute autorité ?
A leurs représentations le gouvernement hova ne
pouvait-il pas répondre : « Pourquoi prenez-vous ici
» la défense de ces religieux qu'en France vous avez
» expulsés de leur domicile, de ces Frères et de
» ces Sœurs que vous chassez de vos écoles et de vos
» hôpitaux ? »

L'objection était sans réplique.

Dans une correspondance adressée de Nossi-Bé au *Journal des Débats*, le 3 juillet dernier, il est dit :

« ......A la différence de l'Angleterre, la France
» n'a pas d'*agents occultes*. Ce n'est pas cependant
» qu'il manque à Madagascar de missions religieuses
» catholiques. Mais elles sont dirigées par la Société
» de Jésus, qui, non-seulement ne travaille pas pour
» la plus grande gloire de son pays, mais qui n'a pas
» rougi de le déclarer dernièrement d'une façon
» officielle au ministre hova, à l'occasion des faits
» politiques de l'heure présente. La situation, pour
» nous, est donc défavorable. Dans de semblables
» conditions, les intérêts français, à Madagascar,
» devaient péricliter. C'est ce qui n'a pas manqué
» d'arriver. »

Ce correspondant fait preuve d'une singulière naïveté ou d'un parti pris regrettable.

En principe, les missionnaires catholiques quels qu'ils soient, n'obéissent qu'à leur vocation religieuse. C'est ce qui fait tout le mérite de leur apostolat. Mêler la politique à la religion, se faire les émissaires secrets et en quelque sorte les consuls déguisés d'un gouvernement, se laisser détourner de leur œuvre apostolique par des considérations purement humaines, ne saurait leur convenir. Ils laissent à leurs confrères protestants ce cumul du sacré et du profane. Interrogés par le gouvernement hova, s'ils étaient ou non des agents politiques du gouvernement français, les missionnaires devaient donc à la vérité de nier cette mission occulte, d'autant plus que l'exécution des décrets d'expulsion, en France et à la Réunion, la rendait absolument invraisemblable.

Nous ne voyons pas trop, d'ailleurs, à quoi eut servi une déclaration contraire, sinon à les faire expulser de Madagascar comme ils l'ont été de France. Peut-être est-ce cela qu'aurait voulu le correspondant du *Journal des Débats*.

En fait, nous l'avons démontré, la propagande de nos missionnaires, à Madagascar, a été fort active et a fait de nombreux prosélytes. Bien que son but soit exclusivement religieux, elle a produit des conséquences politiques absolument favorables à l'influence française, et dont notre diplomatie, mieux avisée, aurait pu tirer le plus grand parti.

Mais, hélas ! dans la grande île africaine, notre diplomatie a fait preuve de son incurie et de sa légèreté traditionnelles. La conduite de la République française à l'égard des congrégations religieuses a d'abord enlevé à nos agents à Madagascar toute autorité morale ; il leur a été impossible de défendre les droits des missionnaires, garantis par les traités ; témoin de cette impuissance, le gouvernement hova s'est enhardi et a poussé l'hostilité jusqu'aux dernières limites.

Nos politiciens ne laissent, d'ailleurs, échapper aucune occasion de montrer leur complète ignorance des questions de politique extérieure et l'étroitesse de leur esprit sectaire.

On sait que, depuis un temps immémorial, l'Etat ne faisait point payer les frais de leur transport aux missionnaires et aux Sœurs de Charité, qui allaient, dans les contrées lointaines, braver la fièvre jaune, et quelquefois le martyre, pour y porter la civilisation et la foi. Cet usage avait reçu une consécration nouvelle dans l'article 29 du projet de convention intervenu entre le gouvernement et la Compagnie des Messageries maritimes, pour l'exploitation du service postal entre la France et la Nouvelle-Calédonie.

Mais M. Peulevey et M. Madier de Montjau se sont vivement élevés contre cet article. Comment tolérer qu'on transportât gratuitement à leur destination « ces gens qui, d'après ce dernier député, compromettent partout la France, par leur esprit remuant, leur despotisme, leur autoritarisme inné ! »

M. Lorois a protesté contre ces déclaration : « Messieurs, a dit l'honorable député, je ne vous rappellerai qu'une chose : c'est que les Anglais trouvent dans leurs missionnaires des auxilliaires précieux pour leur politique et leur commerce; que nous ne pouvions lutter contre les Anglais qu'avec l'aide de nos missionnaires et de nos Sœurs de charité, et qu'en vous privant de leur concours, vous vous mettez hors d'état de rivaliser avec les étrangers, vous sacrifiez à vos passions anti-religieuses les intérêts de la France. Si vous voulez livrer nos colonies aux missionnaires anglais et allemands, faites-le, vous en aurez la responsabilité. »

Cette responsabilité n'a pas effrayé nos politiciens. L'article 29 a été supprimé conformément aux vœux de MM. Peulevey et Madier de Montjau !

Quant au gouvernement britannique, il se fait un devoir d'accorder à bord de ses paquebots, le passage gratuit, non-seulement aux missionnaires anglicans, mais même aux missionnaires catholiques, fussent-ils français, qui se rendent dans les possessions anglaises. L'Angleterre ne combat nos missionnaires que lorsque leur action se fait sentir dans les pays où, comme à Madagascar, son empire n'est pas encore assez affermi pour être à l'abri de l'influence française, dont ils sont les représentants de fait, et les zélés propagateurs.

De la politique de la France et de celle de l'Angleterre, quelle est la plus sage et la plus patriotique ?

En général, le pouvoir de nos agents à l'étranger est d'autant plus limité que, conformément aux plus détestables usages enracinés au ministère des affaires étrangères, ils changent de poste tous les deux ou trois ans. Un consul est à peine fixé dans le pays, au courant des travaux de ses prédécesseurs et de la situation politique, qu'il est envoyé dans un autre consulat pour des raisons d'avancement, de convenance de famille, ou, le plus souvent, parce qu'il a demandé son changement sous de futiles prétextes.

Quelle différence avec les consuls anglais ! Ils restent dans le même poste pendant dix, quinze, vingt ans et davantage. Leur avancement se fait sur place.

Au lieu de passer leur existence diplomatique à bord des paquebots, ils étudient à fond le pays, connaissent sa langue, ses mœurs et ses habitudes, et acquièrent enfin une influence politique d'autant plus grande, qu'elle a le plus souvent pour base des relations amicales avec les membres du gouvernement auprès duquel ils sont accrédités.

Madagascar nous donne un exemple saisissant de cette déplorable instabilité de notre personnel diplomatique. Depuis la mort de M. Laborde (1879), M. Cassas, M. Meyer et M. Baudais se sont succédés comme consuls à Tananarive. Le consul anglais, M. Packenam, occupe son poste depuis plus de vingt ans !

4

Il y a toujours eu, d'ailleurs, un grand laisser-aller dans l'accomplissement des devoirs professionnels de nos représentants à Madagascar.

Un voyageur, M. Giraudeau, publiait, il y a quelques années, la lettre suivante dans le *Journal du Commerce maritime :*

« Paris, 25 Novembre 1878.

» Monsieur le Rédacteur,

» Je vous adresse comme annexe à l'étude que vous venez de publier sur le corps consulaire français, l'extrait suivant du récit d'un voyage que j'ai fait à Madagascar en 1875.

» Je sais que l'état de choses que j'ai constaté à l'époque de mon séjour à Tamatave s'est quelque peu amélioré, que M. Soumagne, titulaire du poste, est revenu prendre charge peu de temps après mon départ, et qu'il avait obtenu, pendant son voyage à Paris, quelques extensions de pouvoirs. J'ai appris enfin, dernièrement, qu'un nouveau vice-consul avait été nommé à Tamatave, mais dans quelles conditions et avec quelles attributions, je l'ignore.

» En tous cas, ma communication ne sera pas, je l'espère, inutile, car elle vous fournira un nouveau témoignage désintéressé de la manière dont la France est souvent représentée, et nous expliquera pourquoi elle voit de jour en jour décroître son influence dans des pays où elle était jadis toute puissante.

» Il n'y a pas à Tamatave de consul de France, mais simplement un vice-consul ; et, en l'absence du titulaire, ce poste avait été confié à M. Cérisola, directeur de la maison Roux de Frayssinet. Ce dernier était lui-même en voyage à l'époque de notre arrivée, et le vice-consulat était géré par le chancelier M. Litzler. De toutes ces substitutions, le résultat le plus clair était la plus complète confusion, et malgré sa bonne volonté et son intelligence, M. Litzler se voyait à chaque instant arrêté et embarrassé par son manque d'expérience. Il n'osait, en outre, agir ni avec la plus grande circonspection, craignant toujours de n'être pas approuvé par son supérieur, M. Laborde, le consul de France à Tananarive. Ce dernier en effet, est devenu, paraît-il, — je ne fais que répéter ce qui m'a été dit à Tamatave — après un séjour de quarante ans à Madagascar, plus Hova que les Hovas eux-mêmes, et, se laissant aller à une douce indolence, il ne s'occupe guère des affaires de son pays. Sa seule préoccupation est de ne pas outrepasser ses pouvoirs, et aimant toujours mieux rester en deçà qu'aller au delà de ses attributions, il laisse souvent traîner en longueur des affaires importantes, dans lesquelles il serait nécessaire, au contraire, d'agir promptement et avec énergie.

» Il est, du reste, absolument nécessaire d'avoir à Tamatave, non pas un vice-consul, mais un consul, avec tous les pouvoirs, et la juridiction des pays hors chrétienté. Dans une ville où le commerce prend tous les jours une nouvelle extension, où la population étrangère augmente sans cesse, il est indispensable d'avoir en l'absence de Tribunaux réguliers, une autorité compétente qui puisse en même temps protéger les sujets français et les maintenir dans le droit chemin. Que la France conserve, si elle le veut, un agent politique à Tananarive, mais il n'est pas possible, sans porter une entrave funeste à l'expédition des affaires de laisser le bureau consulaire de Tamatave sous la dépendance absolue du représentant de la France à la capitale, car les délais nécessaires pour recevoir une réponse à une dépêche peuvent souvent avoir les conséquences les plus dangereuses. On comprendra mieux encore l'importance de ce changement que je n'hésite pas à déclarer indispensable, quand l'on saura que l'indolence de M. Laborde aidant, nous sommes partis de Tamatave, après un mois de séjour, sans avoir reçu de réponse à une lette qui lui avait été expédiée le lendemain même de notre arrivée.

» Il faudrait donc à Tamatave un consulat régulier, dirigé par un homme capable et énergique ; énergique surtout, tant à cause des autorités indigènes, qu'à cause des Français qui y viennent tenter fortune.

» Une affaire qui s'est passée pendant mon voyage et qui s'est terminée par l'expulsion d'un sujet français reconnu coupable, de complicité avec un créole de Maurice, de détournement de fonds, de recél et de tentative d'empoisonnement, n'a fait que confirmer l'opinion que, à la seule vue de la population de Tamatave, je m'étais déjà faite. Comme tous les pays neufs, Madagascar n'est pas précisément l'asile des consciences pures ; il y en a plus d'un qui a laissé derrière lui, à Maurice ou à Bourbon, un dossier qu'il n'aimerait pas à faire voir à tout le monde. Beaucoup s'amendent, je le sais, et régénérés par le travail, deviennent plus tard de très honnêtes gens. Mais d'autres, plus endurcis, plus foncièrement vicieux, essaient de tous les moyens, surtout quand ils se croient assurés de l'impunité, pour arriver à la fortune, et c'est contre ceux-là que l'autorité doit agir sans ménagement et avec célérité.

» Veuillez agréer, etc.

> C.-A. GIRAUDEAU. »

Des abus de cette nature ont été signalés un peu partout, à la charge de notre personnel diplomatique, par des voyageurs français. A voir le décousu et le désarroi qui règnent dans les derniers rangs de la hié-

rarchie, on devine que l'initiative, l'activité, l'esprit
de suite et de résolution, et surtout la fermeté
font défaut au ministère des affaires étrangères.

Quelle idée veut-on que le gouvernement hova se
fasse d'un pays dont les représentants passent comme
des ombres, et quel ascendant peuvent avoir, quels
services peuvent rendre nos consuls-touristes ?

Aussi veut-on avoir une preuve de l'abaissement
auquel est arrivée la politique française à Madagascar ?
Qu'on lise la proclamation que M. Meyer adressa aux
Malgaches quand, en 1881, il succéda à M. Cassas ;
elle se terminait ainsi :

On vous a dit que la France était devenue très pauvre, et qu'elle
n'avait ni armée ni flotte ; en d'autres mots, qu'elle n'avait ni
argent, ni vaisseaux, ni soldats.

En ce qui concerne notre flotte, dont les dignes représentants
se sont fait un devoir de l'accompagner ici, je vous dirai que la
France n'a jamais été plus puissante qu'à présent. Elle a 346 vaisseaux de guerre, parmi lesquels 68 cuirassés. Pour vous citer
seulement deux exemples, vous saurez que le cuirassé de première
classe *Amiral-Duperré* et le croiseur de première classe le *Tour-
ville*, qui sont des modèles parfaits de construction navale, peuvent
se comparer avec avantage avec les plus grands et les plus beaux
navires des autres nations.

L'on vous a dit que la France n'avait plus d'armée. Aujourd'hui
la France, qui maintient en temps de paix une armée de 500,000
hommes, pourrait immédiatement, si la défense du pays l'exigeait,
mettre en campagne 25 corps d'armée de 40,000 hommes, sans
compter un demi-million de soldats formant les réserves et les
garnisons des forteresses, — soit 1,800,000 hommes. Mais dans
quelques années, la France aura réellement à sa disposition
2,400,000 hommes bien disciplinés, auxquels il faudra ajouter 20
classes d'hommes dont on n'a pas besoin, c'est-à-dire un demi-
million en plus, sans instruction militaire, c'est vrai, mais qu'on
pourrait préparer en très peu de temps, si la nécessité s'en faisait
sentir.

On vous a encore dit que la France était maintenant pauvre et
qu'elle n'avait plus d'argent. Ma réponse vous convaincra du contraire. A l'Exposition universelle de 1878, la France a brillé d'une
façon incomparable. Son industrie nationale a remporté presque
tous les prix pacifiques, les seuls auxquels la France aspire main-

tenant. Si la France avait besoin d'argent, dans deux jours elle en trouverait pour un chiffre qui n'existe pas dans votre langue, et son crédit est si grand dans le monde que les offres couvriraient les demandes quinze ou vingt fois.

Mais la France n'a pas besoin d'avoir recours au crédit des nations étrangères ; elle possède un si grand capital, que souvent elle ne sait qu'en faire ; et tous les ans, malgré les réductions des taxes par notre Parlement, les revenus dépassent les dépenses. Ils ont été en 1880 de 200,000,000 (40 millions de dollars).

Vous pouvez être assurés que l'on vous a mal renseignés. Grâce à des efforts presque surhumains, tels qu'on n'en trouve dans les annales d'aucune autre nation, la France est aujourd'hui plus forte et plus respectée que jamais. Et il ne pouvait en être autrement, car elle est comme le soleil, qui est quelquefois obscurci par une éclipse, mais qui brille bientôt après avec sa première splendeur.

Le représentant d'un pays comme la France, réduit à tenir un pareil langage, et cela à Madagascar, dans une île qui figurait, il n'y a pas quarante ans, parmi les possessions françaises, quelle humiliation !

M. Meyer prit, à l'égard des Malgaches, une attitude très ferme et entreprit la solution de deux graves difficultés pendantes depuis assez longtemps, relatives soit à l'indemnité due par le gouvernement hova pour l'assassinat, sur la côte Ouest, d'une partie du lougre *Toale,* soit à la revendication des propriétés des héritiers Laborde, suspendue par suite du rappel de M. Cassas.

Les négociations prenaient une assez bonne tournure quand, suivant nos traditions diplomatiques, M. Meyer fut nommé consul à Singapore et remplacé par M. Baudais. Ce déplacement subit fut immédiatement interprété dans un sens défavorable. Les ministres anglicans et les autorités malgaches proclamèrent que le gouvernement français n'avait pas été assez fort pour appuyer son représentant, et qu'il avait dû le rappeler.

M. Baudais voulut réagir contre cette interprétation ; il était trop tard ! Il n'avait plus aucune autorité. Quand se produisirent les derniers événements, quand les traités furent violés, quand la reine voulut arborer son drapeau sur le territoire soumis à notre protectorat, notre représentant, outragé et menacé, dut abandonner la capitale et se retirer à Tamatave pour se mettre sous la protection d'un navire de guerre, l'aviso le *Forfait*.

En résumé :

Le gouvernement britannique a su se créer, à Madagascar, une situation privilégiée en soutenant ses missionnaires de tout son pouvoir, en maintenant à son poste un consul habile, qui a mis à profit un long séjour pour établir solidement la prépondérance politique de son pays.

Le gouvernement français, pour avoir suivi la route opposée, a perdu presque toute influence dans une contrée où, seul, il avait le droit de parler en maître.

Cette perte est-elle irréparable ? C'est ce que nous devons examiner.

V

Conclusions

Il dépend du gouvernement français d'assurer d'un seul coup sa prépondérance politique à Madagascar. Loin de lui être défavorables, les derniers événements sont la plus belle occasion qui lui ait jamais été donnée de faire valoir ses droits imprescriptibles et de prouver, contre qui que ce soit, que la France doit avoir le dernier mot dans la grande île africaine.

Cette preuve ne peut être faite que par l'emploi de la force, car le gouvernement hova, endoctriné par les agents britanniques, a une telle idée de notre impuissance, que, si nous nous contentions des nouvelles promesses de la reine Ranavalo II, nous dedeviendrions la risée des Malgaches et compromettrions pour jamais notre autorité sur les peuplades indépendantes, qui nous sont restées sympathiques.

Quatre questions principales sont à régler entre la France et le gouvernement hova :

1° L'indemnité relative au lougre *Toale*.

2° La reconnaissance des droits des héritiers de notre ancien consul, M. Laborde, sur les propriétés immobilières qu'il a laissées à Madagascar.

3° Le retrait de la loi violant le traité francomalgache, lequel reconnaît à tous nos nationaux le droit de louer et d'acheter des terres à Madagascar, d'y exercer librement leur religion, d'y construire des églises, des écoles, des hôpitaux, etc.

4° Le désaveu et la punition des chefs malgaches qui ont arboré le pavillon hova sur les territoires appartenant à la France.

Il faut que ces questions soient résolues immédiatement, et — nous soulignons le mot — *brutalement*.

Si le gouvernement hova cède sur les questions pendantes, tant mieux; le passé se trouvera heureusement liquidé. Mais nous aurons à prendre nos précautions pour l'avenir. Les Hovas sont, comme les Annamites, fourbes et rusés, et en fait d'argument, ne connaissent que celui du plus fort. Il est donc nécessaire de leur administrer cette preuve, en occupant militairement, et pour un temps indéfini, Tamatave et plusieurs autres points d'une grande importance stratégique, maritime et commerciale.

Au moment où nous émettons ce vœu, nous arrivent d'importantes nouvelles qui nous autorisent à penser que telles sont peut-être les intentions du gouvernement. Grâce à l'énergie du commandant Le Timbre, il y a maintenant devant Tamatave cinq navires de guerre : le *Forfait*, le *Bruat*, la *Nièvre*, la *Pique* et le *Vaudreuil*.

Cette attitude a produit des résultats immédiats. D'abord, le gouvernement s'est empressé d'annoncer que l'on venait de découvrir les assassins d'un de nos compatriotes, M. Caperre, directeur d'une exploitation appartenant à MM. Roux de Frayssinet et Cᵒ; et tué au mois de juin.

Ensuite, la reine a lancé deux proclamations. Dans la première, elle engage ses sujets à n'accorder aucune foi aux bruits hostiles répandus contre la France, et dont les auteurs seront punis ; elle ajoute qu'elle est « en paix avec les nations amies au delà des mers. »

La seconde proclamation est ainsi conçue :

Le 6 juin, une lettre de menaces contre M. Campan, chancelier, secrétaire et interprète du consulat de France, a été affichée sur la porte du consulat de France, à Antananarivo ; celui qui déclarera la personne qui a écrit ou affiché ladite lettre, si son accusation est vraie, recevra une récompense de 2,500 fr., donnée par le gouvernement de Madagascar.

Dit
Rainitsimbazafy,
(1) 15ᵉ honneur, officier du palais, chef
ministre de l'intérieur.

(1) Dans l'armée malgache, les grades se comptent par des nombres. Le simple soldat a un *honneur*, le caporal deux, le sergent trois et ainsi de suite jusqu'au maréchal de camp. Depuis Radama Iᵉʳ, on a créé de nouveaux honneurs pour reconnaître des services spéciaux, et le plus haut grade est maintenant le 16ᵉ honneur. Le premier ministre n'a pas d'honneur, il est le commandant en chef de l'armée.

Mais il ne faut pas se laisser prendre à ces appa-
rences mensongères; à ces démonstrations trom-
peuses dont, à l'occasion, est prodigue le gouvernement hova.

En effet, pendant qu'il agissait ainsi, il levait des
troupes et organisait des camps autour de la capitale.

Voici, au surplus, les dernières informations que
nous transmet l'*Agence Havas* (1) :

« Le commandant Le Timbre a exercé une surveillance active
sur le débarquement de la cargaison du navire américain *Allen*,
ayant à son bord des armes et des munitions de guerre destinées
au gouvernement hova.

» Le consul des Etats-Unis s'est engagé sur l'honneur à ne pas
débarquer ces munitions sans avertir le commandant Le Timbre,

---

(1) Nous trouvons dans le numéro du 10 août, le dernier qui
nous soit parvenu, du *Nouveau-Salazien*, journal français de la
Réunion, des renseignements qui vont jusqu'au 30 juillet :

« Le gouvernement de Tamatave, représenté par Rainilaiarivony, le premier ministre actuel, commandant en chef à Madagascar, élude absolument toute réponse directe aux énergiques réclamations de M. Baudais,
appuyées vigoureusement par M. le commandant Le Timbre.

» Les Hovas repoussent également la responsabilité des placards appo-
sés à la porte du consulat de Tananarive et d'un certain nombre de
Français, et menaçant de mort M. le chancelier Campan et les membres
de la colonie française. Les autorités hovas ont cependant fait arrêter les
cinq auteurs présumés de l'assassinat de M. Caperre, notre infortuné com-
patriote, tué sur une propriété de la Compagnie Roux de Fraγssinet, qu'il
dirigeait, par des travailleurs à ses gages ; ce résultat était prévu, ce
n'est pas la première fois que cette honteuse comédie se joue à Madagascar, les obscurs mercenaires qui ont été poussés au meurtre par une
main puissante, cachée dans l'ombre, seront seuls condamnés cette fois et
le véritable coupable saura éviter le châtiment.

» Tamatave a retenti encore ces jours derniers de bruits sinistres ; deux
attentats contre des propriétés privées s'y sont produits et cela au lendemain de l'arrivée de Panoëlina, surnommé le Mignon hova, le fils du
premier ministre. Le premier fait de ce genre a eu lieu dans la nuit du 11
au 12 : la maison de MM. Procter frères (sujets britanniques), a été pillée
avec effraction après que le gardien eut été tué ; le coffre-fort contenant
sept à huit cents piastres a été enlevé et fractu:é à quelque distance.

» Le second vol a été commis le 24 chez deux sujets malgaches dont Panoëlina avait juré la perte ; non contents de mettre les magasins des Malgaches au pillage, les officiers de Panoëlina cherchaient partout la femme
de Rakotovoa pour la livrer à la lubricité de leur maître. Les malheu-
reuses victimes de ces violences ne purent que s'enfuir au plus vite pour
chercher un asile chez des Vazahas ; ils ne parleront pas de ce qu'ils savent
et ne porteront pas plainte, car une seule démarche faite par eux dans ce
sens serait leur arrêt de mort ; ils le savent et se taisent prudemment...»

» Il paraît que dans un voyage sur la côte Ouest, la canonnière la
Pique, commandant Compristo, est arrivée à temps pour mettre la main
sur les lambas d'investiture que Ranavalo Manjaka envoyait à Binao et à
Mounza, les petits rois de la côte, par des messagers spéciaux des Tsiman-

qui a pris des mesures pour s'en emparer lorsqu'elles seront livrées, afin d'éviter toutes difficultés avec le gouvernement américain. »

Nous extrayons en outre d'une lettre adressée au *Times*, par le secrétaire de l'Association protectrice des indigènes (*Aborigines' Protection Society*), les renseignements suivants :

« Le gouvernement malgache avait décidé d'envoyer une embassade en Europe, afin d'obtenir, si possible, un arrangement à l'amiable de son conflit avec la France ; l'ambassade devait partir de Tamatave dans les premiers jours d'août.

» Aujourd'hui, j'ai appris d'une source bien informée que M. Le Timbre, commandant de l'escadre française, a assumé l'étrange responsabilité d'empêcher le steamer français qui porte la malle de transporter cette ambassade en Europe. Le consul de France avait préalablement averti le gouvernement malgache que si l'*Antananarivo*, navire à voile, le seul que les malgaches possèdent, essayait de sortir du port de Tamatave, il serait immédiatement capturé. »

Les ambassadeurs malgaches devaient aller à Londres et à Berlin, solliciter des secours du gouver-

---

dona. Accepter ces lambas c'aurait été accepter la position de vasselage vis-à-vis de la reine ; notre canonnière est arrivée à temps pour éviter à Binao et Mounza les ennuis d'un refus et donner une nouvelle rebuffade aux ambitieuses menées des Hovas. »

Le lambas, d'une valeur de 2 piastres, a une importance politique. Il est bon de la signaler. Le chef qui l'accepte, apporté dans ces conditions, reconnaît par cela même la souveraineté de Ranavalo. Ces sortes de présents sont généralement portés par ce qu'on appelle à Madagascar des Tsimandona. Les Tsimandona forment à Tananarive une caste toute spéciale, dont les attributions se transmettent de père en fils. Ces attributions sont terribles ou agréables, selon que le Tsimandona est chargé par la reine d'apporter aux chefs hovas des postes militaires ou aux chefs des tribus amies et tributaires, ou dont la reine veut se faire des amies, un arrêt de mort ou un compliment, la guerre ou la paix, la tristesse ou la joie. Quand le Tsimandona part pour accomplir sa mission, il est précédé d'individus qui lui préparent, là où il doit s'arrêter, le logement et la nourriture. Il n'a à s'occuper d'aucun détail matériel. Sa mission est toute politique, et quand on le voit passer, chacun tremble. Il est exécuteur implacable des sentences de la reine. Il arrive auprès du chef condamné par elle, lui met la main sur l'épaule et lui dit : « Je viens te mettre à mort par ordre de la reine. » Et il le tue de sa propre main. Personne n'ose s'y opposer. Malheur à quiconque empêcherait un Tsimandona d'accomplir sa mission. On porterait la main sur lui ; cet homme serait immédiatement massacré. Le Tsimandona est l'homme fatal, toujours ; car dès qu'on le voit, on tremble. Dans le cas qui nous occupe, il ne perd pas son caractère fatal. Car il s'impose à la tribu Sakalave, et si la *Pique* n'était venue à la rescousse, les pauvres Sakalaves auraient peut-être accepté le présent de Ranavalo.

nement britannique et du gouvernement allemand,
puis, forts de cet appui qu'ils espéraient obtenir, se
rendre à Paris, pour négocier un arrangement, on
devine avec quel esprit de sincérité et de conciliation.

La conduite énergique du commandant Le Timbre,
que l'on ne saurait trop approuver, a coupé court à
ces manœuvres, qui sont une nouvelle preuve des
intentions hostiles de la reine Ranavalo. En revanche,
elle a vivement irrité la presse anglaise.

Le *Standard* exprime l'espoir que M. Le Timbre
sera désavoué par notre gouvernement. Faisant ensuite un historique fantaisiste de la question de Madagascar, il affirme que la France a perdu tous ses
ses droits sur la Grande Terre, soit en vertu du traité
de 1814, soit parce que le gouvernement français a,
par le traité de 1862, reconnu Radama II comme roi
de Madagascar.

Sur le premier point, nous avons dit (voir aussi
l'*Annexe*), que l'Angleterre, après des négociations
diplomatiques, avait reconnu, en 1816, que Madagascar n'était pas comprise dans les possessions dont
la gratifiait le traité de 1814.

Quant au second point, ainsi que l'a fait remarquer
M. Achille Jubinal dans la séance de la Chambre
des députés du 16 juin 1865, la France n'avait
reconnu l'autorité et l'indépendance de Radama II
que sous le bénéfice des concessions très favorables
faites à nos nationaux, à la suite des négociations
entamées par M. Lambert. C'était un contrat bilatéral.
L'épouse de Radama II, la reine actuelle, n'a pas voulu
ratifier ce traité; il doit donc être considéré comme
n'ayant jamais existé et ne peut être invoqué contre
la France.

Le *Standard* ajoute :

Notre intérêt dans les difficultés actuelles (à Madagascar) n'est pas de peu de conséquence. Le commerce anglais avec Madagascar est considérable, et le voisinage de cette île avec Maurice, les Seychelles et nos colonies de l'Afrique méridionale fait de tout établissement des Français sur la grande terre une question de grande importance pour nous. Et cependant c'est à un point de vue plus élevé que l'intérêt que nous devons envisager la querelle actuelle. Les Malgaches sont un peuple remarquable, émergeant rapidement de la barbarie *sous la tutelle de maîtres anglais* et méritant à ce titre les plus gracieux égards du reste du monde.

L'intérêt de l'Angleterre ! Voilà, en effet, le seul argument que puissent invoquer nos voisins. Malheureusement, c'est une raison qui a le tort de trop rappeler la fameuse maxime : *La Force prime le Droit.*

Maintenant que l'on connaît l'opinion du principal organe du parti tory, écoutons ce que dit l'organe du parti whig :

Il est certain que plus d'un fonctionnaire français militaire ou civil a pris une attitude impliquant quelque chose comme un protectorat ou un « directorat » sur Madagascar. La série des actes sur lesquels notre attention a été appelée sont certainement caractérisés — s'ils sont vrais — par autant d'injustice brutale qu'il en a jamais été déployé par des Européens à l'égard de nations sauvages ou à demi civilisées, et cela veut dire beaucoup, malheureusement. De pareilles prétentions, évidemment, ne peuvent se soutenir que dans deux cas : ou comme conséquence d'un état de guerre entre la France et Madagascar, ou en vertu de la domination de la France à Madagascar.

Aucune de ces deux alternatives n'existe ou n'est reconnue par les autres pouvoirs. Madagascar doit être civilisé et développé autrement qu'à la façon française, qui consiste à occuper nominalement et exclusivement un territoire sur lequel les occupants n'ont aucun titre. Si les Français se méfient de leur capacité pour « concourir », ce n'est pas une raison pour nous d'acquiescer à cette tyrannie de « chien sur sa mangeoire » telle qu'ils semblent désirer de l'exercer à Madagascar.

Nous croyons que si une puissance a le droit d'intervenir à Madagascar, c'est la France ; car seule elle peut invoquer des titres remontant à plus de deux siècles, qu'elle n'a jamais laissé prescrire, que l'Europe et plus particulièrement l'Angleterre ont solennellement reconnus en 1814 et 1816 ; parce que les Hovas ne sont qu'une peuplade tyrannique, n'occupant pas la moitié du territoire ; parce qu'ils ont violé tous les traités conclus avec la France ; parce que, enfin, les autres peuplades restées indépendantes repoussent leur domination ot oont rootées fidèles à notre pays.

Arrivons au nœud de la question.

C'est précisément parce que le gouvernement hova a toujours cherché à nous braver en s'appuyant sur l'influence anglaise, qu'il faut profiter des circonstances actuelles pour faire tomber ses illlusions. Il faut avoir enfin la volonté de lui prouver, par l'emploi des moyens indiqués plus haut, que le gouvernement britannique n'a pas à s'occuper de Madagascar, les traités de 1814 et de 1815 ayant réservé tous les droits de la France sur cette île.

Nous ne nous dissimulons pas que cette attitude mécontentera vivement nos bons amis les Anglais.

Plût au ciel que nous ne leur eussions pas donné si souvent l'occasion d'être contents de nous ; que, conformant notre politique extérieure à la leur, nous n'eussions jamais agi que dans un *intérêt exclusivement français*, au lieu de nous faire les don Quichotte de toutes les causes sentimentales et paradoxales ! Nous n'aurions pas laissé écraser le Danemarck, laissé se constituer l'unité italienne, ni l'unité allemande ; nous n'aurions pas laissé l'Angleterre s'emparer successivement de toutes les stations maritimes qui lui assurent l'empire des mers ; mettre la main sur l'Egypte et le canal de Suez, affaiblir par ses menées occultes notre influence en Syrie et en Pales-

tine ; soulever sur nos pas des difficultés sans
nombre dans les pêcheries de Terre-Neuve, dans la
Guinée supérieure, à la Réunion, à Madagascar,
etc...

Que l'on nous cite le plus petit bénéfice que nous
ayons retiré de cette prétendue alliance, depuis que
l'Empire nous l'a attachée au pied, comme un boulet!

En 1871, l'Angleterre pouvait nous préserver d'une
perte de territoire; elle n'avait qu'à dire : « Je ne
veux pas que la France soit démembrée. » Ces pa-
roles, elle n'a pas voulu les prononcer. Pourquoi ?
Parce que notre démembrement devait être, pour la
France et l'Allemagne, la cause d'une discorde qui,
pendant de longues années, allait leur enlever toute
liberté d'action. Parce que ces deux grandes puissances ainsi paralysées, c'était l'Angleterre libre
d'agir désormais en Europe, au mieux de ses intérêts,
sans avoir à se préoccuper de qui que ce fût. Le démembrement de la France, c'était Chypre, l'Egypte
et le canal de Suez entre les mains des Anglais,
c'était l'impunité et la toute-puissance assurées à
l'Angleterre. En 1871, comme toujours, nos voisins
n'ont pas fait de sentiment; ils n'ont consulté que
l'intérêt britannique, et cet intérêt leur commandait
de laisser démembrer la France !

Nous ne les blâmons pas. Loin de là ! Nous croyons
qu'il faut les imiter, en suivant la seule politique qui se concilie avec le relèvement de notre
pays.

Cette politique, un grand orateur, qui fut aussi un
grand patriote, l'illustre Berryer, prévoyant les événements dont nous sommes aujourd'hui les témoins
attristés, la traçait en ces termes :

« La Russie est, par sa position géographique, de tous les Etats du continent celui qui semble plus particulièrement destiné à servir d'entrepôt au commerce de l'Europe avec l'Asie centrale ; aussi depuis un siècle, marche-t-elle patiemment, mais sûrement, à la conquête de cette Asie centrale ; elle dépasse déjà Khiva, et les Anglais, qui à chaque pas russe opposent un pas anglais, sont à Caboul. »

Puis, parlant de l'intérêt qu'avait la France à ne pas se désintéresser de la question d'Orient, il ajoutait :

« Cet intérêt, on ne saurait le nier. Voyez ce magnifique parallélisme politique et guerrier qui s'étend depuis les frontières de la Tartarie jusqu'aux rives de la Méditerranée, entre deux nations qui doivent lutter un jour l'une contre l'autre.

» Du fond du monde jusqu'à nos rivages, l'Angleterre établit sa parallèle guerroyante contre la Russie, qui la menace sur les limites de ses magnifiques colonies de l'Inde.

» Considérez ces grandes expéditions à cinq cents lieues de leurs frontières ; d'un côté, l'expédition de Caboul, de l'autre la tentative de Khiva. Voyez ces deux grandes nations, marchant à travers le monde pour établir leur ligne de précaution l'une contre l'autre.

» C'est pour cela que l'Angleterre veut la mer Rouge pour la sécurité de son passage, et si cela arrive au profit de cette puissance qui a Malte, qui a Corfou, que devient pour nous la Méditerranée ? Sommes-nous dépossédés, oui ou non ? N'en doutez pas, Messieurs, la question d'Egypte est une question d'honneur et de dignité pour la France. »

Et comme il y avait déjà à cette époque des politiciens qui rêvaient de sacrifier les intérêts français
à cette duperie que l'on appelle l'alliance anglaise,
Berryer leur disait :

« Là où est une rivalité, l'alliance est impossible;
vous avez voulu un gouvernement de même nature;
vous avez voulu porter l'activité des esprits sur les
mêmes objets ; vous avez les mêmes besoins, des
besoins rivaux ; vous ne pouvez compter sur cette
alliance. Le peuple anglais se présente en domina-
teur, comme maître, comme créateur de toutes les
inventions qui honorent l'esprit, l'intelligence hu-
maine. Il disputera son ascendant, et la France vou-
dra rivaliser, parce qu'elle en a le droit et la puissance : l'alliance est donc impossible... »

Alors comme aujourd'hui, certains esprits à courte
vue soutenaient aussi que la France devait se conten-
ter d'être une puissance continentale. Ecoutez ce que
Berryer leur répondait :

« Quoi, Messieurs, la France ne sera qu'une puissance continentale, en dépit de ces vastes mers qui
viennent rouler leurs flots sur nos rivages, et solliciter en quelque sorte le génie de notre intelligence.

» Il n'en saurait être ainsi... Depuis vingt ans,
trente ans, des efforts inouïs ont été faits pour mettre
en activité l'admirable intelligence de ce peuple ; le
génie créateur a été éveillé ; sur tous les points du
royaume, l'industrie a été appelée à enfanter des
merveilles.

» La puissance de la nature était insuffisante, l'art
est venu en aide à la nature. Les productions s'ac-
croissent, tout le monde travaille, tout le monde

produit en France, et vous nous renfermez dans nos deux frontières de terre et dans nos deux rivages !

» Et que deviendraient toutes ces productions que vous cueillez ainsi en France ? Et cette immense machine à vapeur, ainsi mise en mouvement, ainsi chauffée par le génie, par l'activité, par l'intérêt de tous, ne fera-t-elle pas une effroyable explosion, si les débouchés ne sont pas conquis ? »

Depuis cette époque, l'immense machine à vapeur a déjà fait deux fois explosion, pendant les journées de juin et pendant la Commune. N'attendons pas une troisième catastrophe.

Nos anciens débouchés disparaissent ; les Américains, les Allemands, les Anglais, nous les enlèvent ; créons-en de nouveaux. Dans l'intérêt de notre industrie, de notre commerce, de notre marine, devenons une puissance coloniale. Pour cela, donnons à notre personnel diplomatique plus de stabilité pour qu'il ait plus d'expérience, et assurons-lui l'appui d'une armée coloniale fortement constituée, pour qu'il ait plus d'autorité.

Par l'Algérie, au nord ; par Obock, à l'est ; par le Sénégal, le Gabon et le Congo, à l'ouest, pénétrons dans l'Afrique centrale ; nos vaillants explorateurs et nos dévoués missionnaires nous en ouvrent les chemins.

Pendant que la Grande-Bretagne et la Russie poursuivent leur grande lutte en Asie, étendons notre action sur l'Annam, le Tonkin, le Laos et le Yun-nan ; avec un peu de persévérance et de légers sacrifices, nous pouvons fonder un vaste empire indo-chinois, magnifique compensation à la perte de cet em-

5

pire des Indes, dont le génie de Dupleix avait doté notre pays.

L'Angleterre veut nous porter un coup en Egypte ; répondons-lui en consolidant notre influence dans la Syrie et dans la Palestine. De cette position, nous pourrions, dans l'intérêt commun de l'Europe, veiller au maintien de la libre circulation dans le canal de Suez.

Enfin faisons valoir nos droits sur Madagascar.

C'est le moins que nous puissions faire, car un gouvernement ferme et prévoyant devrait subordonner son concours, dans le règlement définitif des affaires d'Egypte, à la cession de l'île Maurice, cette ancienne possession française, cette île-sœur de la Réunion.

Il ne peut pas se présenter une meilleure occasion de reconstituer une *France orientale*, homogène et puissante.

Si le gouvernement français ne profite pas des circonstances présentes pour inaugurer la politique vraiment nationale indiquée par Berryer ; s'il ne sait montrer ni prévoyance ni énergie, il verra, dans peu de temps, que l'Angleterre n'attendait plus que cette dernière défaillance pour achever la ruine de tous nos établissements coloniaux.

Est-ce à dire que, sautant d'une extrémité à l'autre, la France doive suivre, à l'égard de l'Angleterre, une politique hostile ? Nullement.

Dernièrement, au Sénat, à propos des affaires égyptiennes, un ancien ministre parlant de nos voisins d'outre-Manche, disait : « L'alliance de l'homme et

du cheval est une excellente chose, mais à la condition de n'être pas le cheval. »

Eh bien, nous estimons que depuis trop longtemps, la
France a été le cheval ; nous demandons simplement
qu'elle change de rôle ; qu'elle renonce à la politique
chevaleresque « des mains nettes, » quand nos voisins,
plus positifs, pratiquent la politique des mains pleines,
enfin que l'alliance avec l'Angleterre ne soit plus un
contrat léonin, mais assure aux deux parties des avantages réciproques. *Donnant donnant,* telle doit être
désormais la devise de notre politique extérieure.

Car, la France entravée et arrêtée dans son expansion coloniale, c'est la France condamnée à une
décadence certaine et irrémédiable. Les hommes les
plus distingués par leurs lumières et par leur patriotisme nous prédisent cette chûte mortelle, si nous
ne nous hâtons de sortir des étroites limites dans
lesquelles on voudrait nous enfermer. Un de nos éco-
nomistes, justement apprécié pour la sûreté de ses
vues non moins que pour la sagacité de ses conseils,
toujours pratiques et inspirés par une merveilleuse
entente des intérêts français, M. Paul Leroy-Beaulieu,
écrivait dernièrement :

« Ce qui a manqué jusqu'ici à la France, c'est l'esprit de suite dans sa politique coloniale. La colonisation a été reléguée au second plan dans la conscience
nationale ; elle doit aujourd'hui se placer au premier. Notre politique continentale, sous peine de ne
nous valoir que des déboires, doit être désormais
essentiellement défensive ; c'est en dehors de l'Europe
que nous pouvons satisfaire nos légitimes instincts
d'expansion. Nous devons travailler à la fondation
d'un grand empire africain et d'un monde asiatique.

» C'est la seule grande entreprise que la destinée nous permette. Au commencement du XXe siècle, la Russie comptera 120 millions d'habitants prolifiques, occupant des espaces énormes ; près de 60 millions d'Allemands appuyés sur 30 millions d'Autrichiens, domineront l'Europe centrale. Cent vingt millions d'Anglo-Saxons occuperont les plus belles contrées du globe et imposeront presque au monde civilisé leur langue, qui domine déjà aujourd'hui un des territoires habité par plus de 300 millions d'hommes. Joignez à ces grands peuples l'empire chinois, qui alors, sans doute, recouvrera une vie nouvelle. A côté de ces géants, que sera la France ? Du grand rôle qu'elle a joué dans le passé, de l'influence souvent décisive qu'elle a exercée sur la direction des peuples civilisés, que lui restera-t-il ? Un souvenir, s'éteignant de jour en jour.

» La colonisation est pour la France une question de vie ou de mort : ou la France deviendra une grande puissance africaine, ou elle ne sera, dans un siècle ou deux, qu'une puissance européenne secondaire ; elle comptera dans le monde, à peu près comme la Grèce ou la Roumanie comptent en Europe (1). »

En 1868, l'infortuné Prévost-Paradol, pressentant l'unification de l'empire allemand et se préoccupant, lui aussi, de ce qu'il appelait un « redoutable avenir », poussait le même cri d'alarme : (2) « Si un grand changement politique et moral ne se produit

---

(1) *De la colonisation chez les Peuples modernes*, préface de la deuxième édition.

(2) *La France nouvelle.*

pas en France, écrivait-t-il, si notre population, obstinément attachée au sol natal, continue tantôt à s'y accroître avec une extrême lenteur, tantôt même (comme il nous est arrivé pendant dix années) à rester stationnaire ou à décroître, nous pèserons toutes proportions gardées, dans le monde anglo-saxon, autant qu'Athènes pesait jadis dans le monde romain. »

Et, pour empêcher la France de tomber dans cette honteuse insignifiance, Prévost-Paradol ne voyait qu'un seul moyen efficace : la colonisation dè l'Afrique : « C'est une terre française qui doit être le plus tôt possible peuplée, possédée et cultivée par des Français, si nous voulons qu'elle puisse un jour peser de notre côté, dans l'arrangement des affaires humaines. »

Sachons écouter ces sages avertissements !

Madagascar est un trait-d'union entre nos colonies africaines et nos colonies indo-chinoises, et ce trait-d'union est d'autant plus nécessaire que le passage de l'isthme de Suez pourrait un jour nous être fermé. Nous assurer la possession, sous une forme ou sous une autre, de la grande île africaine, ce n'est pas tenter une entreprise nouvelle, c'est achever l'œuvre de nos ancêtres, dans un but de patriotique prévoyance.

ANNEXE

~~~~~~~~~~

Adresse du Conseil colonial de la Réunion (1847)

Le Conseil colonial de la Réunion envoya au roi Louis-Philippe, en 1847, une adresse fort remarquable, à laquelle les évènements présents donnent le plus grand intérêt. La commission chargée de cette adresse était composée de MM. Patu de Rosémont, de Greslon et Ruyneau de Saint-George, rapporteur.

Voici les passages les plus importants de ce document qui a conservé presque toute son actualité :

....

La souveraineté de la France sur Madagascar doit être envisagée sous un double rapport, d'abord quant aux peuples de l'Europe, et ensuite relativement aux indigènes.

Quant aux peuples de l'Europe, c'est un principe fondamental du droit international que toute terre nouvelle et non civilisée appartient à la première nation qui y plante son pavillon, pourvu que des actes successifs attestent l'intention qu'elle a de s'y établir.

Christophe Colomb avait abordé les rivages de l'Amérique ; Vasco de Gama, non moins hardi, avait franchi le cap des Tempêtes ; un champ sans limite s'ouvrait désormais aux navigateurs de toutes les nations ; un irrésistible élan était donné ; tous les pavillons de l'Europe se montrent à la fois sur les mêmes mers et poursuivent les mêmes conquêtes. Les plus sanglantes collisions devenaient inévitables. Les nations européennes allaient s'exterminer sur le terrain même de leurs découvertes, et à la vue des peuples qu'elles venaient pacifier et civiliser. C'est alors que sortit, du fond de la conscience, cette loi salutaire et universellement admise que, dans les pays nouveaux, tout pavillon doit se retirer devant un autre pavillon qui l'a précédé, c'est le sentiment unanime qui la proclame; elle devient sur les mers la base du droit des gens ; depuis 300 ans ce principe tutélaire a été tour à tour invoqué et accepté, par les Espagnols, les Portugais, les Hollandais, les Anglais et les Français. Il est le fondement de cette sécurité parfaite qui permet au peuple néerlandais de développer lentement, mais sûrement, son commerce et sa puissance au sein de ce grand archipel qui commence au golfe du Bengale et se prolonge jusqu'aux mers de la Chine.

L'Angleterre né pourrait le méconnaître sans saper par sa base tout l'édifice de ta grandeur coloniale.

La France peut aujourd'hui en réclamer l'application avec d'autant plus de fermeté, qu'elle en a supporté, avec plus de résignation, toutes les conséquences, lors même que ses plans étaient contrariés et ses intérêts blessés ; ainsi nos projets sur Sumatra et l'Australie ont été abandonnées aussitôt que la Hollande et la Grande-Bretagne nous eurent fait connaître leur désir d'agrandissement ultérieur sur un territoire dont elles n'occupent pas encore aujourd'hui la centième partie : ainsi, nos armements pour la Nouvelle-Zélande se sont arrêtés devant une expédition anglaise qui les avait précédés. Ce sont des faits récents ; et les documents qui s'y rattache se retrouvent dans les archives du ministère de la marine.

Au surplus, le principe ne semble pas devoir subir plus de contradiction de nos jours qu'il n'en a subi pendant trois siècles. Nous n'avons plus qu'à apprécier les faits. Déjà nous les avons exposés sans art et avec fidélité dans une première adresse. Nous allons en faire une nouvelle et simple analyse. L'histoire abrégée du passé, deviendra, sans effort de notre part, la démonstration de notre souveraineté ; tant les faits se suivent et s'enchaînent avec le même caractère, se rapportant constamment à un plan unique, quelquefois suspendu, et jamais abandonné !

L'île de Madagascar paraît avoir été découverte vers 1506, par 1 Portugais Lorenzo d'Almeida. Depuis 1506 jusqu'en 1642, les Français, les Portugais, les Anglais, se montrent successivement sur les côtes, mais ne descendent sur les rivages que pour les abandonner aussitôt.

Cependant un ministre à jamais célèbre, et doué d'un admirable instinct, a déjà compris la haute importance de Madagascar, et le 24 juin 1642 des lettres patentes données par Louis XIII déclarent la souveraineté de la France sur la grande île africaine.

De ce moment, tous les pavillons étrangers s'éloignent et disparaissent. L'œuvre de colonisation commence ; on l'abandonne, on la reprend, on la suspend encore : elle s'arrête, tantôt par l'insuffisance des moyens, tantôt par l'incapacité ou l'immoralité des chefs ou des agents, tantôt par les révolutions ministérielles ou dynastiques que subissait la Métropole elle-même, jamais par des prétentions rivales et la contradiction étrangère ! Jamais un établissement anglais ou hollandais n'est venu se placer à côté de nous, pour jeter du doute sur notre droit, diviser les sympathies des indigènes, et contrarier nos opérations actuelles ou nos projets d'avenir. Nous ne pouvons nous imputer qu'à nous-mêmes nos erreurs et nos désastres.

Ainsi, d'une part, constance de l'occupation française, de l'autre, approbation tacite de tous les peuples de l'Europe, voilà ce que les faits démontrent avec la dernière évidence.

En 1643, en vertu des lettres patentes de Louis XIV qui confirmaient celles de Louis XIII de 1642, la Compagnie française de l'Orient prend possession du droit exclusif de commerce à Madagascar.

Le premier agent de cette Compagnie, Pronis, établit des postes sur plusieurs points de la côte orientale et élève le fort Dauphin (1644.) — Flacourt remplace Pronis en 1648. Abandonné par la Compagnie à ses propres ressources, il améliore cependant les affaires de la colonie. A son départ, ce premier établissement se précipite vers sa ruine.

En 1656, le duc de la Meilleraie devient concessionnaire des droits de la Compagnie.

En 1664, une nouvelle Compagnie encouragée par Colbert est substituée au duc de Mazarin, fils aîné du duc de la Meilleraie. Cette seconde entreprise ne fut pas plus heureuse que la première. Les désordres de l'Administration de Promis, qui se fit haïr des naturels par des guerres injustes, et de ses subordonnés par des dilapidations odieuses avaient frappé de mort notre premier établissement. Le second périt à son tour par la discorde qui s'introduisit au sein de la Compagnie, et par la déloyauté de ses agents dans leurs relations avec les indigènes.

Cependant Louis XIV ne cesse point d'exercer son autorité à Madagascar.

En 1665, il y crée un conseil souverain et y envoie M. de Beausse en qualité de gouverneur général. Le commandant passe de M. de Beausse marquis de Mondevergue, du marquis de Mondevergue à l'amiral de la Haye, de l'amiral de la Haye à M. Chamargou, de M. Chamargou à M. Labretèche. A travers toutes ces vicissitudes, la volonté française ne fléchit pas un seul instant ; seulement, au milieu d'une telle instabilité, notre ascendant diminue rapidement. Bientôt des excès de tout genre exaspèrent la population indigène ; et tous les Français du Fort Dauphin, surpris dans la nuit du 25 décembre 1672, sont impitoyablement massacrés !

La colonie paraissait perdue sans ressource ; mais Louis XIV était incapable de plier. Sa volonté de se maintenir à Madagascar est plus inébranlable après ce désastre qu'auparavant. Par un édit de l'année 1686, il annexe définitivement Madagascar à la couronne de France. Déjà il préparait un nouvel armement ; il n'en fut détourné que par les revers qui marquèrent ses dernières années, et signalèrent en même temps la grandeur de son caractère.

Louis XV, au milieu d'un règne faible et agité, ne perd cependant pas Madagascar de vue : le seul ministre qui ait bien mérité de la France, le duc de Choiseul, charge le gouvernement de l'Ile de France d'entretenir des agents civils et militaires sur toute la côte, depuis Sainte-Luce jusqu'à la baie d'Antongile : en 1750, il fait occuper l'Ile Sainte-Marie, envoie en 1768 M. de Modave pour relever le Fort Dauphin ; et il préparait la première expédition de Béniowski lorsqu'une intrigue de palais le fit tomber du faîte du pouvoir dans l'exil !

Le gouvernement de Louis XVI maintient tous nos établissements sur la côte orientale.

La convention, faisant trève un instant à ses formidables préoccupations demande des études sur Madagascar, et y envoie Lescalier.

L'empire n'a cessé de considérer Madagascar comme une terre

française; M. Sylvain Roux y est envoyé en 1807, en qualité d'agent principal ; et Tamatave reçoit une garnison française.

La Restauration rétablit son pavillon successivement à Sainte-Martie, Tintingue, Fort–Dauphin et Sainte-Luce. L'expédition Gourbeyre en 1829 était un commencement d'exécution d'un plan plus vaste d'occupation que la Révolution de 1830 n'a pas permis d'achever.

Votre propre gouvernement, Sire, qui ne peut rester étranger à aucun grand intérêt national n'a cessé de se préoccuper de la question de Madagascar. L'hydrographie de Diégo-Suarez, l'exploration de la côte Ouest et de la baie de Passandava par MM. Guillain et Jéhenne, capitaines de corvette, les études approfondies et consciencieuses faites par l'administration de Bourbon, la prise de possession de Nossi-Bé et de Mayotte en sont un éclatant témoignage ; car ces actes n'ont de signification et de valeur que comme préliminaires de projets ultérieurs et d'une haute importance.

A travers toutes les vicissitudes du Pouvoir, et les révolutions lesquelles nous avons passé, la politique française reste constante et invariable quant à Madagascar. Notre possession non interrompue pendant 200 ans, et fondée sur des actes législatifs nombreux, est donc aujourd'hui à l'abri de toute contradiction ; il est vrai que notre domination avait été principalement reconnue sur le littoral du Sud et de l'Est ; c'est là que nous avions d'abord établi nos alliances, et qu'avaient grandi nos premiers établissements de commerce, fécondés par le voisinage de Maurice et de Bourbon. Mais par les édits que nous avons rappelés, notre souveraineté avait été déclarée sur toute l'île de la manière la plus formelle et la plus absolue ; et suivant les principes que nous avons développés, il n'est pas nécessaire pour donner naissance au droit que l'occupation embrasse chaque baie, chaque port, en un mot le littoral tout entier : il suffit d'un fait bien caractérisé de possession, avec l'intention d'y donner les développements que le temps amène inévitablement.

Au surplus, des actes récents répondent à toutes les objections et ne permettent pas plus de contester notre souveraineté sur les territoires de l'Ouest et du Nord que sur ceux de l'Est et du Sud.

Les Saklaves, peuples de l'Ouest, ne veulent point courber la tête devant les Hovas ; il préfèrent la fuite et l'exil ; ils se réfugient sur les îles du Nord-Ouest, principalement à Nossi-Bé : là, dans leur détresse, ils tournent leurs regards vers la France et implorent son appui ; bientôt, ils entrent en pourpaler avec M. Passot, envoyé comme négociateur par le gouvernement de Bourbon ; et le 14 juillet 1840, intervient un traité par lequel, consacrant de nouveau des droits d'ailleurs incontestables, Tsioumeik, reine de Boueni, et les principaux chefs saklaves réunis autour d'elle, cèdent à la France tout leur territoire, c'est-à-dire toute la parti Ouest de Madagascar.

Depuis, ce traité a été ratifié par le gouvernement métropolitain ; et le 5 mai 1841, le pavillon français a été arboré à Nossi-Bé et salué par toute la population indigène comme un signal de délivrance, et comme un gage de la nationalité glorieuse qu'ils se flattaient d'avoir enfin reconquise !

Les Antakars, tribus du Nord, repoussent aussi loin d'eux le joug des Hovas. Pour échapper à la servitude, ils cherchent un asile sur les rochers de la petite île de Nossi-Mitsiou. Tsimiarou leur roi, prince guerrier, ne demande que des armes pour recommencer la guerre. La vue du pavillon protecteur de la France rànime toutes ses espérances. — Il entre en négociation avec les agents de notre gouvernement, et bientôt, pour échapper à une odieuse domination, il cède au roi des Français tous ses droits sur Ankara et les îles dépendantes. Dans cette cession se trouve comprise la magnifique baie de Diègro Suarez !

En présence de tous ces faits, quel peuple de l'Europe oserait contrarier nos projets de colonisation et contester notre droit ?

Les Anglais ?

Mais tous nos établissements à Madagascar se sont formés sous leurs yeux, et ils n'ont jamais protesté !

Ils n'ont pas protesté, quand Richelieu créa la Compagnie française de l'Orient, et lui assura par des lettres patentes connues de l'Europe entière le commerce exclusif de Madagascar !

Ils n'ont pas protesté, quand Colbert, digne émule de Richelieu, garantit dans des formes aussi solennelles, les mêmes privilèges à la Compagnie orientale, organisée par ses soins !

Ils n'ont pas protesté, quand l'autorité française était représentée à Madagascar, tantôt par un gouverneur-général, tantôt par un amiral, environné de tout l'appareil d'un vice-roi !

Ils n'ont pas protesté quand le duc de Choiseul que les désastres de la guerre de sept ans n'avaient pas abattu, cherchait à Madagascar une compensation à tant de pertes récentes ; et y envoyait M. de Modave pour relever les ruines du Fort-Dauphin et y rétablir notre pavillon !

Ils n'ont pas protesté, quand la Restauration fit un armement en 1829, s'empara de vive force de Tamatave, de la pointe Larré, et rétablissait tous les signes de notre domination sur la grande terre, par la construction du fort de Tintingue. Les travaux suspendus, puis abandonnés par suite des événements politiques de la Métropole, l'ont été en dehors de toute influence étrangère !

Ils n'ont pas protesté quand votre gouvernement, en vertu du traité du 14 juillet 1840, a fait occuper Nossi-Bé et Mayotte. Et cependant, l'arrêté de l'Administration de Bourbon qui précéda la prise de possession rappelait les droits anciens de la France, et ne dissimulait pas ses projets ultérieurs ; il fut à dessein publié dans les journaux de Maurice, et ne provoqua ni explication, ni réclamation.

Ainsi, nos droits sur Madagascar sont bien évidemment sanctionnés par l'assentiment tacite de l'Angleterre. Mais il y a mieux, nous avons de sa part l'aveu le plus formel et le plus explicite.

En 1816, le gouverneur de Maurice, M. Farquhart, interprétant à son gré le traité de Paris du 30 mai 1814, prétend que l'Angleterre est substituée à la France dans tous ses droits sur Madagascar : de cette substitution, il fait aussitôt dériver un droit de souveraineté sans limite. Le 25 mai 1816, il écrit à MM. les Administrateurs généraux de Bourbon pour leur faire connaître que son gouvernement se réserve le commerce exclusif de Madagascar ; il leur notifie en conséquence que nos traitants ne seront plus reçus à Madagascar, qu'à titre précaire, et munis de licences délivrées par le gouvernement anglais.

Cette étrange sommation est transmise immédiatement au gouvernement de la métropole : aussitôt, une vive discussion s'élève entre les deux cabinets. Le droit était trop évident, l'Angleterre fut obligée de céder et de reconnaître que Madagascar ne pouvait pas être une annexe de Maurice, et devait nous être restitué, comme tous les autres établissements que nous possédions au 1er janvier 1792 et qui n'avaient pas été formellement exceptés.

En conséquence, le cabinet de Saint-James donne des ordres pour que le gouvernement de Maurice se désiste de toutes ses prétentions ; les troupes qui y avaient été envoyées, sont rappelées et remplacées par des détachements de la garnison de Bourbon.

Madagascar nous est donc resté, et évidemment avec cette étendue de droits que l'Angleterre revendiquait pour elle-même, quand elle se présentait comme concessionnaire de notre souveraineté.

Nos titres sur Madagascar sont donc consacrés non-seulement par l'assentiment tacite mais encore par l'approbation expresse de ljAngleterre.

Sans méconnaître nos droits, cette puissance voudrait-elle intervenir dans nos démêlés avec les Hovas, sous prétexte d'alliance avec cette peuplade : mais ce serait la violation de tous les principes que nous avons posés, et qui ne sont pas contestés ; ce serait nous autoriser à armer les nombreuses peuplades encore indépendantes de la Nouvelle-Zélande et de l'Australie ; ce serait, en un mot, bouleverser toute cette partie du droit international que nous auons déjà exposée, et qui sert de fondement aux colonisations européennes. Il y a mieux, le prétexte n'existe même pas, car toutes les relations que les Anglais avaient établies avec la cour d'Emirne, sont depuis longtemps rompues ; ils ont été chassés de Tananarive, ils ne pourraient raisonnablement soutenir un gouvernement qui a proscrit leurs traitants et ruiné leur commerce.

Ainsi obligée de s'abstenir, l'Angleterre verrait-elle avec chagrin la civilisation et la religion chrétienne pénétrer à notre suite dans ces vastes contrées, en proie aux superstitions les plus avilissantes et à toutes les misères qu'engendrent le dérèglement des mœurs et le despotisme des institutions : une telle supposition serait injurieuse, et quelles que soient encore les préventions nationales, le gouvernement de la Grande-Bretagne est environné de trop de gloire, il remplit dans le monde civilisé et chrétien une trop haute mission, il accomplit de trop grandes choses pour que nous le soupçonnions jamais d'une si odieuse jalousie. La France est de bonne foi dans ses efforts pour éteindre l'antagonisme au sein des peuples de l'Europe ; elle doit présumer la même sincérité chez ses alliés et ses voisins. Les armes victorieuses de l'Angleterre ont pénétré jusque dans l'Asie centrale : ses bateaux à vapeur sondent toutes les côtes, remontent tous les fleuves ! une seule de ses possessions d'outre-mer, l'Hindostan, compte autant de sujets qu'en renferma jadis l'empire romain dans ses vastes limites. L'Australie, presque grande comme l'Europe, reçoit une population anglaise. La terre de Van-Diément, la Nouvelle-Zélande, l'Afrique du Sud, cent autres colonies fécondent pour l'Angleterre de nouveaux éléments de richesses. Nous ne sommes pas jaloux : nous applaudissons au contraire à ces triomphes de l'humanité et de la religion, et nous ne pouvons admettre que l'Angleterre s'inquiète et s'afflige de ce que la France accomplit à son tour la part de civilisation qui lui a été depuis si longtemps départie. Votre gouvernement, Sire, ne peut être taxé de se livrer à un élan ambitieux, lorsqu'il ne fait que se renfermer dans nos vieilles limites coloniales. La France de jui'let peut bien, sans blesser aucune susceptibilité, tenter ce qu'on tenté avant elle Richelieu et Colbert, le duc de

Choiseul et M. de Sartines, les ministres de Louis XVIII et de Charles X. En portant la guerre à Madagascar, si le passé nous répond de l'avenir, et si les droits les plus anciens et les mieux reconnus peuvent vous servir de garantie, nous n'avons donc à craindre ni réclamations, ni observations de la part de l'Angleterre. Il nous reste a examiner si une agressien de cette nature ne blésse aucun principe de droit ou d'équité par rapport aux indigènes eux-mêmes qui, certes, doivent bien être comptés pour quelque chose dans une telle discussion !

L'île de Madagascar se divise entre vingt-cinq tribus principales, indépendantes en 1813, aujourd'hui assujotties et opprimées par l'une d'elles, la tribu des Hovas, qui, des plateaux de l'intérieur, a fait irruption sur toutes les parties du littoral. Les commencements de cette usurpation ne datent que de 1813, époque de l'avènement de Radama au trône.

Le joug odieux des Hovas n'est nulle part accepté, ni par les tribus de l'Est, nos plus anciennes et nos plus fidèles alliées, ni par celles du Nord qui ont déserté leur pays pour se réfugier dans les bois ou sur les rochers qui ceignent la baie de Passandava, ni par les peuplades de l'Ouest, toujours prêtes à prendre les armes. Nous sommes appelés par les Anossy, les Betsimsaras, les Bétanimènes, les Antakars et les Saeklaves.

Nous avons donc l'assentiment des indigènes eux-mêmes, si on on en excepte une seule tribu qui, en nous attaquant partout où elle nous rencontre, et en pillant et massacrant nos alliés, nous a donné les plus légitimes sujets de la combattre ; il ne s'agit pas d'attaquer, mais de nous défendre ; il s'agit de délivrer nos alliés, de briser le joug qui accable les Betsimsaras, les Antakars et les Saklaves ; d'obéir à des traités qui nous lient et de rétablir notre pavillon là où il a été renversé ; il s'agit enfin de sauver le peuple hova lui-même de la faction militaire qui l'opprime !

Ce gouvernement tyrannique qui s'est fait, sans autre motif que celui de son ambition, l'implacable ennemi de la France, a marqué chaque pas de sa durée par les agressions les plus injustes et les outrages les plus gratuits.

En 1825, les Hovas enlèvent le Fort-Dauphin et abattent le drapeau de la France !

A la même époque, Tsifanin, chef des Betsimsaras, connu par son dévouement à notre cause, devient l'objet d'une haine implable ; des pièges lui sont tendus ; il est surpris et massacré !

En 1829, Andriamifidi, commandant de Fénérif pour les Hovas, fait mettre publiquement en vente et adjuger comme esclave, pour 250 fr., un Français nommé Pinçon !

Le gouvernement français est indigné, il adresse les plus violents reproches à la cour d'Emirne ; nos plaintes servent de recommandation à Andriamifidi qui devient dès ce moment l'objet d'une faveur particulière, et se voit bientôt comblé des plus hautes distinctions !

Nous sommes constamment harcelés, et puis enfin chassés de Tamatave, de Foulpointe, de Fénérif et de Tintingue !

Notre commerce est détruit, nos traitants insultés et ruinés dans ces mêmes lieux où le pavillon de la France avait flotté pendant 200 ans, presque sans interruption !

Les têtes de seize de nos compatriotes qui ont succombé dans une lutte héroïque épouvantent encore les habitants de Tamatave. Elles sont là, suspendues à des gibets, dans l'endroit le plus apparent du rivage, comme pour porter au loin un témoignage d'insulte et de barbarie ! Il n'est pas un navigateur dans l'océan indien dont les regards ne soient attristés de cet odieux spectacle. La France, Sire, ne saurait rester plus longtemps indifférente ! Son honneur a été blessé, il doit être réparé ! Ses droits ont été méconnus et violés, ils doivent être rétablis.

En présence de ces faits, les consciences les plus timides ne sauraient conserver aucun scrupule ; on ne prit jamais les armes pour une cause plus légitime ! Mais la guerre nous conduira inévitablement à la colonisation, examinons maintenant si cette colonisation est dans les intérêts de la France, et si elle est d'une facile exécution.

UTILITÉ DE MADAGASCAR

Depuis que nous avons perdu l'Inde, le Canada, la Louisiane, Saint-Domingue, Maurice, les vaisseaux de l'Etat une fois sortis des ports de France, manquent de point d'appui, de lieu de refuge et de tous les moyens de recrutement et d'approvisionnements ; et d'ailleurs, la navigation marchande, sans laquelle il n'y a pas de marine militaire, est destituée de tout aliment serieux. Avec Madagascar, la lacune est comblée : nos pertes les plus cruelles sont réparées. Nous ne restons plus stationnaires, quand tout progresse autour de nous ; et le maintien de notre puissance relative est au moins assuré !

Les peuples de l'Europe envahissent l'Asie et le monde maritime : c'est sous leur influence, par leur action et à leur profit que se développent les magnifiques cités de Bombay, de Madras, de Calcutta, de Batavia ; les colonies les plus florissantes remplissent l'archipel d'Asie, l'Australie, la Polynésie, l'Angleterre et la Hollande voient se multiplier pour elles les centres de production les plus abondants, dans ces mêmes îles qui leur offrent en même temps que les richesses de leur sol les rades les plus sûres et les ports les mieux défendus. La Hollande trouve à Java tout à la fois des ressources inépuisables pour son commerce et des ports où ses vaisseaux sont aussi en sûreté contre les coups de la tempête que contre le feu de l'ennemi. L'Angleterre embrasse tout dans sa prodigieuse activité, mais elle ne consacre des efforts sérieux qu'à ces grandes terres que découpent des hâvres profonds, et qui par la fertilité du sol, l'adondance des bois de construction et des matières premières, sont en même temps l'aliment de sa navigation marchande, et la sauvegarde de sa puissance navale. La France seule concentre tous ses efforts sur des îlots aussi dépourvus d'utilité au point de vue militaire, qu'au point de vue commercial ; Mayotte n'a de valeur que comme acheminement à l'occupation de Madagascar. Mayotte manque de bois ; sans doute une flotte pourrait s'y réfugier, mais elle y serait bientôt affamée, et forcée d'en sortir ou de capituler. Son sol volcanique, l'exiguité de son territoire, l'insalubrité du climat ne permettront jamais à une population considérable de s'y développer. Aucun approvisionnement n'y est possible : il faudrait y apporter de la Métropole tout ce dont on y aura besoin. On ne peut isoler Mayotte de Madagascar. D'ailleurs, Mayotte n'appartient pas à la puissance qui s'y établit actuellement, mais à celle qui occupera plus tard Diégo-Suarez : Diégo-Suarez est la citadelle de l'Afrique orientale. S'établir à Mayotte, sans avoir pris préalablement possession des magnifiques baies qui sont à l'est du cap d'Ambre, c'est se placer sous le feu de l'ennemi, c'est édifier pour lui, c'est employer à son bénéfice l'industrie et les trésors de la France. Les Marquises ne sont que des rochers stériles, sans aucune influence possible sur notre avenir politique ou commercial.

Madagascar peut seul nous donner aujourd'hui une position militaire à l'est du cap de Bonne-Espérance. Cette grande île commande à la fois la côte orientale d'Afrique, l'Hindoustan et l'archipel d'Asie.

Par Madagascar, on est maître du double passage de l'Europe dans l'Inde; on domine à la fois le cap de Bonne-Espérance et le détroit de Babel-Mandeb.

Une fois établis à Madagascar, nous acquérons des droits sérieux dans l'océan Indien ; nous cessons d'y figurer à titre de tolérance seulement. Tout l'hémisphère oriental d'où nous sommes en réalité bannis, devient accessible pour nous. Nous y apparaissons avec la dignité et l'indépendance qui conviennent à une grande nation. Nous nous suffisons à nous-mêmes, et si nous sommes attaqués, non-seulement la défense est possible, mais le succès en est certain.

Des ports nombreux reçoivent nos vaisseaux ; des bois superbes fournissent des éléments inépuisables de travail à nos chantiers de radoud et de construction ; des approvisionnements à bas prix en riz, blé, bœuf, salaisons de toute sorte, assurent la subsistance de nos soldats et de nos matelots : Madagascar cultivé et civilisé ne refuserait pas à nos amiraux ce que Madagascar encore en friche et tout à fait sauvage a fourni si abondamment à Mahé de Labourdonnais, au vicomte d'Aché, au célèbre bailli de Suffren !

En temps de guerre, la colonie se défendrait toute seule : une population de plusieurs millions d'hommes, renfermée dans une île naturellement approvisionnée, à 4,000 lieues de la puissance assaillante, est inexpugnable ! et d'un autre côté, désormais libres dans leurs allures, maîtres de leurs moindres mouvements, nos vaisseaux pourraient toujours avec opportunité, tantôt fondre sur l'ennemi, tantôt se retirer devant lui, tantôt attaquer et ruiner son commerce, tantôt protéger le nôtre ; nos victoires nous donneraient de nouveaux moyens de combattre ; nos désastres seraient facilement réparés dans un pays qui nous offrirait des matelots et des soldats et de nouveaux approvisionnements. Ainsi, par l'occupation de Madagascar, notre marine militaire aurait reconquis un de ces points d'appui importants qui lui manquent absolument depuis la paix de 1763, la révolution de Saint-Domingue et le traité de Paris du 31 mai 1814 ; mais notre navigation marchande prendrait un accroissement rapide, ce qui profiterait encore à la marine de l'Etat : c'est principalement par la marine du commerce qu'on peut créer et développer la marine militaire........................

Les moyens artificiels peuvent être plus ou moins ingénieux, mais ils seront toujours sans résultat. C'est le commerce qu'il faut ranimer, si nous voulons reconquérir notre rang maritime. Ce fut là le système du cardinal de Richelieu, suivi par Colbert, pratiqué par Louis XVI. Les fruits en ont été assez brillants pour que nous ne devions pas répudier d'aussi glorieuses traditions !..........

Eh bien, Madagascar seul peut ranimer le commerce maritime de la France qui languit de plus en plus, et menace de s'éteindre.

Cette île a une population d'environ trois millions d'habitants, sa superficie de 25,000 lieues carrées est à peu près égale à celle de la France ; ainsi elle peut recevoir une population de trente millions d'hommes.

Les exportations se composaient, avant les prohibitions insensées du gouvernement de la reine Ranavalo, de bœufs, moutons, tortues de terre, riz, gomme copale, orseille, ambre gris, cire, peaux de bœufs, écaille de caret (*testudo imbricata*) qui se vend jusqu'à 120 fr. le kilog.

Les importations consistaient en mouchoirs et autres impressions des manufactures françaises, beaucoup d'objets de luxe, savon, bijouterie commune, verroterie, quincaillerie, mercerie, etc.

Sans doute, c'est là un commerce restreint, mais il s'étendrait rapidement par l'introduction des arts de l'Europe, et par les nouveaux besoins que fait naître la civilisation ; il suffit, pour s'en convaincre de jeter les yeux sur les rapports de tous les voyageurs qui ont pénétrer dans l'intérieur de Madagascar.

Cette île peut nous fournir en quantités immenses le sucre, le café, le coton, le tabac, la soie, l'indigo, le riz, le maïs, le blé, le bois d'ébène, toutes les matières premières nécessaires aux ateliers de teinture, de tabletterie, de marquetterie, les écorces les plus estimées, des mines d'or et d'argent, de première qualité et à fleur de terre, peut-être de la houille, du mercure, du sel gemme, du cristal de roche de la plus grande beauté.

Toutes les jouissances du luxe s'introduiraient promptement dans un pays riche en exportations et donneraient à nos manufactures une activité dont Paris lui-même recueillerait les premiers fruits.

. . . .

Mais une opinion bien funeste aux intérêts de la France a pris crédit : on pense communément que l'Algérie peut nous tenir lieu de toutes nos autres colonies.

D'abord l'Angleterre qui recule ses frontières de l'Inde jusqu'aux limites de l'empire russe, qui a formé en Asie un empire de 80,000,000 de sujets, n'en poursuit pas moins dans les autres parties du monde ses gigantesques entreprises.

Mais d'ailleurs l'Algérie, qui certes, est une grande et précieuse conquête, n'est pas à l'égard de la France une colonie proprement dite ; son sol se refuse aux cultures intertropicales qui seules servent de principe actif aux échanges. L'Algérie a les mêmes produits et le même climat que nos départements du Midi.

Le grand cabotage seul peut prendre une nouvelle activité dans nos relations avec l'Algérie, et c'est la navigation au long-cours qui seule forme les matelots du commerce, et par conséquent ceux de la marine militaire.

L'Algérie n'a pas de port, et ne satisfait ainsi aucune des conditions qui peuvent rendre à la marine de l'Etat son ancienne prépondérance.

Par l'Algérie, la France a pris un plus haut ascendant dans la Méditerranée ; mais ne doit-elle pas être présente partout, et porter partout son influence ? Ne faut-il pas qu'elle puisse se défendre partout où elle sera attaquée ? Nos établissements dans le Nord de l'Afrique ne sont pas une raison de nous condamner à une nullité complète dans une moitié du monde, dans tout l'hémisphère oriental ! Si nous voulons cesser d'être dépendante dans les mers du Cap, dans le golfe arabique, dans tout l'océan Indien, une seule et dernière chance nous est ouverte, c'est de nous établir à Madagascar.

Votre gouvernement, Sire, n'y rencontrera aucune des difficultés qu'imaginent ou se plaisent à grossir des hommes honorables, mais completement abusés. En vain on veut effrayer les esprits par un rapprochement dénué de toute justesse.

Madagascar sera aussitôt soumise qu'attaquée et ne deviendra pas une Algérie à 4,500 lieues de la Métropole ; comment une comparaison aussi fausse a-t-elle pu se produire à la tribune nationale, et exercer quelque influence sur les esprits ! Là un continent qui oblige toujours à passer d'une conquête à une autre, en montrant toujours à la frontière un ennemi nouveau ! ici, une entreprise dont la nature même a posé les limites, une île que quelques bateaux à vapeur suffisent pour bloquer, et qui peut être mise dès l'abord à l'abri de toute intervention ou excitation étrangère. Là, une nation compacte, indivisible ; ici, vingt peuples différents de mœurs, d'origine, et ennemis les uns des autres ; là tout l'orgueil d'une antique mais fausse civilisation ; ici, des peuples qui reconnaissent leur infériorité, et demandent à être instruits et éclairés ; là, un fanatisme qui s'exaspère au sein même de ses défaites ; ici, un culte non caractérisé, presque insaisissable, et qui n'exerce aucune influence sur les esprits ; là une race implacable qui s'élève et vieillit dans sa haine contre nous ; ici, des tribus d'une grande douceur de mœurs, et que la sympathie entraîne au-devant de nous ; là, en un mot, la colonisation malgré les habitants ; ici, au contraire, les habitants devenus les premiers et les plus ardents auxiliaires de la civilisation. Telle est la vérité, Sire, et elle ressortira avec plus d'éclat des détails dans lesquels nous allons entrer sur les moyens d'exécution.

MOYENS D'EXÉCUTION

Nous ne saurions trop insister sur ce point : il ne s'agit pas de faire la guerre aux peuples de Madagascar, mais au contraire de briser leurs fers, et d'être leurs libérateurs ; c'est avec les tribus de l'Ouest et du Nord qu'il faut marcher au secours des tribus de l'intérieur. Il doit être manifeste dès l'abord que nous n'attaquons ni nos anciens alliés, ni les Hovas eux-mêmes, mais seulement un gouvernement qui les avilit et les opprime.

Des agents français envoyés à l'avance sur les points opposés de la côte doivent partout nous ménager des intelligences, exciter les esprits, et disposer les populations à nous seconder ; les membres de l'ancien gouvernement, les princes fugitifs, doivent être recueillis partout où ils se trouveront, et ramenés au lieu de la lutte, sous la protection de notre pavillon.

L'expédition doit être forte surtout en matériel, approvisionnements d'armes, de poudre, etc., afin de pouvoir armer les indigènes qui ne manqueront pas d'accourir à la première apparition de notre drapeau, dès qu'il se présentera à eux dans de véritables conditions de succès.

Deux plans d'expédition ont été soumis à votre gouvernement : tous deux peuvent être acceptés, car tous deux nous semblent devoir être couronnés de succès. Le premier consiste à se porter dès l'abord sur Tananarive pour dissoudre le gouvernement des

7

Hovas ; le second, à s'établir à Diégo-Suarez, pour s'étendre progressivement dans le Sud.

....

Toutefois le but peut être atteint plus lentement, il est vrai, mais tout aussi sûrement, par l'occupation de Diégo-Suarez où l'on établirait une colonie qui s'étendrait dans le Sud au fur et à mesure que les sympathies des tribus indigènes se déclareraient.

C'est là le plan présenté plus particulièrement par l'administration de Bourbon, et, qu'il s'agit maintenant d'examiner.

Pour le bien apprécier, il importe de revenir sommairement sur le passé.

Dans les tentatives diverses et successives de colonisation à Madagascar, il faut remarquer que des efforts un peu sérieux n'ont été faits que sur une partie du littoral de l'Est, du Fort-Dauphin à la baie d'Antongil.

Les Français débarquèrent pour la première fois à Monghasia, dans le Sud-Est de Madagascar ; c'est là que furent créées les premières habitudes. Depuis, les colonies de Maurice et de Bourbon s'étant developpées, les relations commerciales s'ouvrirent et continuèrent naturellement avec le côté qui était le plus à proximité, et ce fut encore la côte orientale ; l'attrait pour cette partie du littoral se fortifia en outre par le caractère doux et pacifique des tribus qui l'habitaient. Là se trouvaient les Betsimsaras adonnés au commerce, et tellement attachés à la France, que les Hovas ont pu les exterminer, mais non pas les rendre infidèles à notre alliance.

Ainsi, pendant deux cents ans, nos efforts ont été concentrés sur les rivages de l'Est, du 16e au 25e degré de latitude sud. La baie d'Antongil est la baie la plus nord qui ait été explorée par nous jusqu'à ces derniers temps ; et cependant, c'est de la baie d'Antongil, en remontant vers le cap d'Ambre, que l'acclimatement deviendrait facile, par la rareté et même par l'absence de la fièvre intermittente qui règne sur une grande partie des côtes de Madagascar.

Cette fièvre, d'après le rapport de tous les hommes de l'art, n'est autre que celle qui a sévi si longtemps en France, à Rochefort, dans plusieurs départements du Centre et du Midi, qui est produite par la stagnation des eaux, et qui disparaît par le défrichement des bois et le dessèchement des marais.

Or, il suffit de parcourir le littoral de Madagascar pour se convaincre que les causes d'insalubrité accumulées sur la côte, depuis Sainte-Luce jusqu'à la baie d'Antongil, ont toutes disparu quand on a franchi cette baie en s'avançant dans le Nord.

Du Fort-Dauphin à la baie d'Antongil, les terres sont partout basses et marécageuses ; à peine si elles s'élèvent de quelques décimètres au-dessus du niveau de la mer.

Sur un sol uni et sans aucun accident, les rivières semblent perdre tout mouvement ; leur embouchure est en outre obstruée par les sables que les vents généraux y accumulent sans cesse. Aussi, au lieu de se jeter à la mer, elles se répandent sur leurs rivages et forment cette série de lacs qui se prolongent parallèlement à la côte ; vaste amas d'eau où se décomposent, dans la saison de l'hivernage, toutes sortes de matières végétales et animales, et d'où s'échappent sans cesse des masses de vapeurs pestilentielles, que les vents sont impuissants à dissiper, parce qu'ils soufflent alors du Nord-Est au Nord-Ouest et qu'ils sont interceptés par les forêts et les montagnes. A ces causes d'insalubrité, il faut ajouter l'abondance des pluies, plus fréquentes sur cette partie des côtes que partout ailleurs. A Tintingue, on compte, dans l'année, 220 à 240 jours de pluies.

L'aspect des lieux change complètement dès qu'on s'éloigne d'Antongil, en se dirigeant vers le cap d'Ambre. Le terrain s'élève et présente, dès le rivage, de hauts amphithéâtres battus par les brises du large. Les forêts ont disparu, et les arbres disséminés n'apportent aucun obstacle à la libre circulation de l'air. La température n'est plus humide; il y a autant de jours de sécheresse à Diégo-Suarez que de jours de pluie à Tintingue et à Tamatave.

Toutes ces causes réunies rendent parfaitement comptes des limites dans lesquelles est circonscrite la zone fiévreuse de Madagascar. Les récits des voyageurs sont du reste d'accord avec cette théorie. Nos commerçants qui ont fréquenté la partie Nord de Madagascar, s'accordent à dire que le climat y est aussi sain qu'à Bourbon.

La corvette la *Nièvre*, qui a passé quarante-quatre jours dans le port qui porte son nom, et dont l'équipage a été constamment employé à des travaux pénibles à terre et dans les embarcations, n'a eu qu'un seul exemple de fièvre intermittente.

Les rapports les plus dignes de foi ne permettent plus d'en douter. Les rivages de Diégo-Suarez sout, sur le littoral, la partie la plus saine de Madagascer, et si une entreprise partielle doit être substituée à un plan plus général, nous pensons, comme l'Administration de Bourbon, que c'est à Diégo-Suarez qu'il faut s'établir.

La bonne fortune de la France nous livre sans défense ce Gibraltar de l'Afrique et de l'océan Indien.

Les Hovas en ont chassé les Antakars, nos alliés, et ne s'y sont que faiblement établis!

Ils n'y ont pas 300 hommes de garnison.

Diégo-Suarez est une des plus fortes positions maritimes du monde. (Voir le rapport du commandant de la *Nièvre*, qui a fait l'hydrographie de ce port en 1834.)

Son entrée est par 12º 14' de latitude sud, facile et large de 1,200 mètres, elle peut être défendue par une seule batterie. Le vaste bassin intérieur se subdivise en cinq baies. Celle qui s'avance le plus profondément dans les terres, le port de la *Nièvre*, a près de quatre milles de longueur sur une profondeur de sept à douze brasses; chacune de ces différentes baies pourrait recevoir une escadre nombreuse.

Le village d'Antombouk domine la baie et marque l'emplacement où pourront s'élever nos fortifications, nos chantiers et nos établissements de marine.

Contrairement à une opinion erronée, et trop longtemps accréditée, l'eau y est abondante. Plusieurs sources jaillissent à peu de distance du rivage, et une rivière, dite des Maks, coule à deux kilomètres à l'ouest d'Antombouk.

Les arbres qui s'élèvent au fond de la baie seraient pendant longtemps suffisants pour nos approvisionnements.

Les terres qui avoisinent le port, entrecoupées de bouquets de bois et de pâturage, offrent, du côté du sud, un sol d'une grande fertilité. Là croîtraient indistinctement la canne à sucre, le riz, le coton, l'indigo, le blé si nécessaire à l'approvisionnement de nos vaisseaux.

Un isthme, que forme la baie en s'avançant vers l'ouest, pourrait être défendu par un seul fort et servirait de premier rempart à la colonie naissante.

En libre communication avec la mer, nous serions, dès notre arrivée, inexpugnables derrière cet ithsme fortifié. Il n'a pas huit kilomètres de largeur !

Aussitôt que l'adhésion des peuplades voisines serait bien assurée, nous franchirions la presqu'île, et nous nous étendrions vers le Sud.

Les indigènes deviendraient les premiers colons. Mais pour donner une véritable force et une grande impulsion à un établissement de cette nature, il faudrait l'appuyer d'une population attachée à la France par les liens du sang, et toute dévouée à ses intérêts. L'appel fait aux habitants de Bourbon serait certainement entendu. Notre île ne suffit plus à la population qui s'y presse. Une jeunesse active, intelligente, profiterait avec joie de l'issue qui lui serait ouverte. De chaque famille se détacheraient quelques rameaux vigoureux qui iraient prendre racine sur cette terre nouvelle, réservée à de brillantes destinées.

Pour les habitants de Bourbon, il y aurait à peine déplacement; une traversée de trois jours les porterait à Diégo-Suarez. Là ils trouveraient même climat, même température, les mêmes aspects du ciel et de la terre; mais au lieu d'un espace resserré, des terres sans limites, et au lieu d'efforts stériles, un travail fécond en immenses résultats. En recevant une partie de la population de Bourbon, le nouvel établissement posséderait immédiatement des hommes accoutumés au soleil de la zone torride, exercés à toutes les cultures intertropicales, et auxquels la fabrication du sucre et toutes les cultures coloniales sont familières; sur leurs pas accouraient sans doute bon nombre de nos frères de Maurice.

Nos concitoyens de la Métropole, attirés à Bourbon par des espérances qui ne peuvent se réaliser, dans un territoire aussi étroit que le nôtre, auraient un refuge tout préparé sur les rivages de Diégo-Suarez. Au lieu de s'en retourner désespérés, et après avoir épuisé leurs dernières ressources dans un voyage stérile, ils iraient tenter à Madagascar des chances bien autrement brillantes que celles qui leur auraient échappé.

L'excédent de notre population, en France, qu'attire faiblement l'Algérie avec ses guerres cruelles, sans cesse renaissantes, et son climat qui repousse les cultures intertropicales, afflueraient sur une terre riche de tous les produits de la zone torride, et qui sera purifiée aussitôt que le gouvernement hova aura disparu.

Là colonie trouverait à son origine d'admirables ressources dans la fécondité toute spontanée du sol : en différents lieux, la sonde a fourni d'excellente terre végétale jusqu'à quatre pieds de profondeur. Le manioc, les patates, le riz, le maïs croissent presque sans culture : nous lisons dans un rapport fait au gouvernement de Bourbon, par un voyageur aussi modeste qu'instruit, M. Bernier, chirurgien de la marine et botaniste, que les bœufs errent librement et par milliers dans les vastes paturages qui s'étendent au sud de Diégo-Suarez; les vallons qui avoisinent le cap d'Ambre en sont remplis; le poisson abonde sur les côtes et dans les rivières; le gibier couvre les campagnes; dans un pays aussi favorisé, la nature a tout prodigué; il suffit de s'y rendre pour en recueillir les bienfaits !

Des ateliers de salaisons pourrait être immédiatement établis : l'île Bourbon, qui manque souvent de poisson salé, et ne peut en fournir aux esclaves, conformément aux prescriptions de la loi du

18 juillet 1845, qu'en faisant les plus grands sacrifices, en serait
dès lors et à bas prix toujours approvisionnée.

D'autres branches de commerce pourraient aussi dès l'abord être
avantageusement cultivées.

Ainsi seraient facilement franchies les premières difficultés de la
colonisation : bientôt, au sein d'une population devenue française,
notre marine militaire pourrait au besoin recruter son personnel
sur le théâtre même des événements, et s'y approvisionner : des
produits riches et abondants fourniraient à une immense expor-
tation et l'importation se développerait dans la même proportion.

Le prix élevé de notre fret qui préoccupe votre gouvernement,
parce qu'il est un obstacle permanent à l'accroissement de notre
marine marchande, s'abaissera, dès que nous pourrons comme
les Anglais et les Américains, construire et armer les navires à
bas prix, et avoir un emploi constant du capital dépensé pour
l'armement.

Toutes les conditions de prospérité commerciale se trouvent à
Madagascar. Nous y aurons à bon marchés les matières premières
nécessaires à la construction et à l'armement des vaisseaux, et,
avant un avenir prochain, un vaste marché qui le disputera en
importance à ceux de l'Inde et de l'archipel d'Asie, et qui sollici-
tera constamment notre marine marchande à de nouveaux efforts
et à une plus grande activité.

Ce ne sont ni les rochers des marquises, ni les îlots du canal
Mozambique qui peuvent préparer ce nouvel avenir à notre navigation du commerce. Ce que Bordeaux, Nantes, le Havre, Marseille, toutes les villes maritimes de la France vous demandent
avec nous, c'est l'occupation d'un vaste territoire, abondant en
objets d'échange, pourvue d'excellents ports, et destiné à devenir
grand producteur de sucre, de café, d'indigo, de coton, de riz, de
matières à la fois précieuses et encombrantes.

Mais il faut se hâter : tout est facile aujourd'hui, demain les
difficultés surgiront de toutes parts ; aujourd'hui redoutés de la
reine Ranavalo, les Anglais restent étrangers aux affaires de Madagascar ; demain ils peuvent être tout puissants à la cour
d'Émirne. L'héritier présomptif du trône, à peine âgé de 17 ans,
peut être facilement circonvenu et entraîné dans des voies toutes
contraires à la politique française ! Si Madagascar venait à tomber
sous le protectorat de l'Angleterre, comme nous en sommes me-
nacés, notre influence y serait bientôt détruite, et la dernière
chance d'avenir de notre commerce maritime dans les mers de
l'Inde aurait péri sans retour !

Pour prévenir un malheur aussi irréparable, le Conseil colonial
de l'île Bourbon excité par son dévouement pour vous et pour la
France, n'hésite pas à signaler une seconde fois à votre attention
une île qui nous appartient depuis plus de deux cents ans, que
nous avons trop oubliée, que nous n'avons jamais abordée qu'avec
des expéditions mal préparées, mal dirigées, mal exécutées. C'est
là cependant que la nature tient en réserve ses plus précieuses
ressources pour un grand établissement commercial et maritime !

SOCIÉTÉ HISTORIQUE

CERCLE St-SIMON

215, Boulevard St-Germain
et 2, Rue St-Simon

Paris, le 8 Décembre 1883.

Monsieur et cher Collègue,

Nous avons l'honneur de vous prévenir que le Vendredi 14 Décembre, à 9 heures du soir, M. le Commandant Niox fera une conférence sur *les Européens et les Chinois en Asie.*

Veuillez agréer, Monsieur et cher Collègue, l'expression de nos sentiments très distingués.

Le Président,
G. MONOD.

Le Secrétaire,
F. PUAUX.

Havre. — Imprimerie BRENIER et C⁰, rue Beauverger, 2.

www.ingramcontent.com/pod-product-compliance
Lightning Source LLC
Chambersburg PA
CBHW050622210326
41521CB00008B/1353